Adam

Krankenhausmanagement im Konfliktfeld zwischen medizinischen und wirtschaftlichen Zielen

Prof. Dr. Dietrich Adam

Krankenhausmanagement im Konfliktfeld zwischen medizinischen und wirtschaftlichen Zielen

Eine Studie über Möglichkeiten zur Verbesserung der Strukturorganisation und des Entscheidungsprozesses in Krankenhäusern

Springer Fachmedien Wiesbaden GmbH

ISBN 978-3-409-31412-1   ISBN 978-3-322-84366-1 (eBook)
DOI 10.1007/978-3-322-84366-1

Vorwort

Der Entwicklungsstand der Organisation sowie des Informations- und Planungswesens in den deutschen Krankenanstalten bleibt derzeit weit hinter den Erfordernissen eines modernen Managements zurück. Beispielsweise verfügt der größte
Teil der Krankenhäuser weder über eine kaufmännische Buchführung noch über
eine Kostenrechnung im betriebswirtschaftlichen Sinne; vielmehr begnügt man sich
selbst in Krankenhäusern mit jährlichen Kostenbudgets von 10 bis 60 Mill. DM mit
einem kameralistischen Rechnungswesen und erstellt nur die durch das Preisrecht
vorgeschriebenen, wenig aussagekräftigen Selbstkostenblätter zur Berechnung der
Pflegesätze.

Das Planungswesen der Krankenhäuser erstreckt sich in der Regel nur auf eine einjährige Ausgaben- und Einnahmenrechnung. Wirtschaftlichkeitsrechnungen für den
Krankenhausbau, die Planung von Versorgungssystemen, das Bestellwesen von Versorgungsgütern aller Art wie z. B. Medikamente, medizinische Geräte usw. sind weitestgehend unbekannt. Der geringe Entwicklungsstand des Informations- und Planungswesens im Krankenhaus gestattet es nicht, gesicherte Aussagen über die
Kostenwirkungen von Entscheidungen zu machen.

Die Unzulänglichkeiten im Informations- und Planungswesen der Krankenhäuser
sind in erster Linie eine Folge schwerer strukturorganisatorischer Mängel im Krankenhaus; Symptome für die Mängel des Entscheidungsprozesses der Krankenhäuser
sind z. B. die weitgehende wirtschaftliche Abhängigkeit der Krankenhausführung
vom Träger, die geringen Entscheidungskompetenzen der Krankenhausleitung, die
fehlende Zielformulierung sowie die unzulängliche Ausbildung der Führungskräfte
für die Leitung von Krankenhäusern.

Die Schwächen im Führungssystem der Krankenanstalten sind seit längerem bekannt
und werden angesichts der Kosten- und Personalentwicklung im Krankenhaus immer
offensichtlicher. Im vorliegenden Beitrag – der Teil eines Forschungsvorhabens des
Instituts für industrielle Unternehmensforschung der Universität Münster ist –
wird versucht, Organisationsstrukturen und Techniken auf die Krankenhausführung
zu übertragen, die sich in der Industrie bewährt haben. Ziel dieser Arbeit ist es insbesondere, die Grundsätze eines wirtschaftlich effizienten Führungsmodells für Krankenhäuser aufzuzeigen. Im Rahmen dieses Teils des Forschungsvorhabens wurden
einmal ein stark verhaltenstheoretisch orientiertes Denkmodell zur Organisation des
Entscheidungsprozesses in Krankenhäusern sowie zum anderen einige Ansätze zur
Rationalisierung im Krankenhaus entwickelt. Des weiteren wird noch in einer zum
Forschungsvorhaben gehörenden Dissertation ein Vorschlag für den Aufbau eines
führungsorientierten Rechnungswesens der Krankenhäuser unterbreitet.

Die Abwicklung des Forschungsvorhabens wurde durch fehlendes bzw. völlig unzureichendes Datenmaterial der Krankenhäuser stark beeinträchtigt. Bedingt durch die

Mängel des Datenmaterials war es nicht möglich, Detailaussagen zu machen. Die Untersuchung mußte sich daher zwangsläufig auf die Analyse genereller Zusammenhänge sowie einiger Planungsschwerpunkte, wie etwa der Bedeutung der Verweildauer, des Beschäftigungsvolumens und der Kooperation für die Kosten- sowie die Personalsituation, beschränken. Das entwickelte Grundmodell zur Strukturorganisation stellt nur einen möglichen Denkansatz dar, der zudem im Detail noch ergänzungsbedürftig ist. Es handelt sich folglich nicht um ein fertiges Organisationskonzept; vielmehr soll durch den Vorschlag nur ein Denkanstoß zur Verbesserung der Organisation der Krankenhäuser gegeben werden.

Um insbesondere den Praktikern die Lektüre des Buches zu erleichtern, wurde weitgehend auf Zitate sowie die Einarbeitung einer umfangreichen Literatur verzichtet, da es nur durch diesen Verzicht möglich wurde, den Text leichter lesbar zu gestalten.

Für die vielfältigen Unterstützungen bei der Durchführung des Forschungsvorhabens in Form von Gesprächen und bei der Beschaffung von Informationen bin ich Herrn Verwaltungsdirektor Weber, Münster, Herrn Verwaltungsdirektor Heisler, Siegen, sowie Herrn Verwaltungsdirektor Gross, Dortmund, sehr dankbar. Dank schulde ich auch Herrn Dipl.-Kfm. Frömming für seine Unterstützung bei der Datenbeschaffung sowie meinem Mitarbeiter, Herrn Dipl.-Kfm. Winkler, für die kritische Durchsicht des Manuskriptes.

Dietrich Adam

Inhaltsverzeichnis

I. Generelle Ansatzpunkte für eine Verbesserung des Wirkungsgrades der Krankenhausführung

a) Das Erfordernis rationaler Betriebsführung und die drei generellen Gründe einer gegenwärtig geringen Effizienz der Krankenhausführung

Moderne Krankenhäuser sind investitions- und kostenintensive Dienstleistungsbetriebe. Bei Erstellungskosten von gegenwärtig bis zu ca. 200 000 DM pro Bett einer modern ausgerüsteten Klinik der Vollversorgung beläuft sich das Investitionsbudget für ein Krankenhaus mit 600 Betten auf rd. 120 Mill. DM.

Bei Verordnungs-Nettogesamtkosten von gegenwärtig 70 DM bis 100 DM pro Bett und Tag in Kliniken der Vollversorgung stellen sich die jährlichen Kosten einer Klinik dieser Größenordnung auf 14 bis 20 Mill. DM, wenn von einer ca. 90%igen Betriebsauslastung ausgegangen wird.

Diese Finanzierungs- und Kostenbeträge verdeutlichen bereits eindringlich, daß Krankenhäuser nicht allein nach medizinischen Erfordernissen geführt werden dürfen, sondern einer effizienten ökonomischen Leitung bedürfen. Das dringend erforderliche Vordringen ökonomischen Denkens im Krankenhaus wird durch den starken Kostendruck, dem sich die Krankenhäuser gegenübersehen, noch deutlicher: Bei einem Personalkostenanteil von ca. 55 bis 75 % an den Gesamtkosten steigen die Kosten pro Pflegetag allein durch die Lohn- und Gehaltserhöhungen von gegenwärtig jährlich durchschnittlich 8 % bis 10 % um 5 % bis 8 %. Verstärkt wird dieser Kostendruck durch steigende Baukosten sowie den verstärkten Einsatz kostspieliger medizinischer Apparaturen für Diagnose und Therapie.

Der Leistungsprozeß sowie die Führung im Krankenhaus erreichen heute im allgemeinen noch nicht das nötige und mögliche Ausmaß ökonomischer Effektivität. Die Führungsprinzipien und Techniken sowie die Organisationsformen der Krankenhausleitung entsprechen bis heute noch weitgehend denen der Meisterwirtschaft. Zudem wird der Führungsprozeß im Krankenhaus zu stark von den Medizinern und deren Motivstrukturen dominiert. Als Folge dessen kommt es zu einer Verdrängung ökonomischer Überlegungen in der Krankenhausführung.

Krankenhäuser sind zwar mit Ausnahme privater Krankenanstalten keine wirtschaftlichen Betriebe im Sinne einer Einkommens- oder Überschußerzielung für den Träger; vielmehr haben sie in erster Linie der Deckung des Bedarfs an medizinischer und pflegerischer Versorgung der Bevölkerung zu dienen. Dennoch muß auch hier das ökonomische Prinzip als Leitmaxime des Handelns neben medizinische Überlegungen treten, wenn der Dienst am Kranken nicht zu volkswirtschaftlich untragbaren Belastungen führen soll.

Zur Unterstützung der These, daß das ökonomische Denken bis heute noch nicht zu einem bestimmenden Faktor des Leistungs- und Führungsprozesses im Krankenhaus geworden ist, seien zwei markante Beispiele angeführt:

(1) In der BRD belief sich 1969 die durchschnittliche Verweildauer der Patienten auf 25,3 Tage[1]. Eine Senkung der Verweildauer um 10 % bis 20 % ist, wie Beispiele anderer europäischer Länder, insbesondere aber auch der USA[2], zeigen, durchaus möglich und medizinisch vertretbar. In der BRD bestehen jedoch — bedingt durch eine unzweckmäßige Strukturorganisation der Krankenhäuser, die fehlende ökonomische Zielorientierung des Führungsprozesses und eine unzureichende ökonomische Ausbildung der Entscheidungsträger sowie eine Reihe hemmender Faktoren, wie z. B. das Preisrecht und die Machtstrukturen innerhalb des Krankenhauses — weder intensive Bemühungen noch dem System immanente Anreize zur Verkürzung der Verweildauer. Verweildauersenkungen haben aber sowohl auf die Investitions- als auch die Kostenhöhe der gesamten Volkswirtschaft für die Vorhaltung von Krankenhausleistungen eine erhebliche langfristige Bedeutung.

Aufgrund der analytischen Bettenbedarfsrechnung[3] würde sich der Bettenbedarf für ein Gebiet mit 1 Mill. Einwohnern, einer Krankenhaushäufigkeit von jährlich 127,8 Patienten auf 1 000 Einwohner[4] und einer durchschnittlichen Ausnutzung der Krankenhausbetten an 300 Tagen des Jahres um rd. 430 Betten reduzieren, wenn die Verweildauer um einen Tag gesenkt werden könnte. Das aber würde bedeuten, daß bei gleichbleibenden Kosten pro Pflegetag von ca. 70 DM bis 100 DM eine Kostensenkung von rd. 5 % pro Patient eintreten würde, wenn die Verweildauer eines Akutkrankenhauses von 19 auf 18 Tage gesenkt würde[5]. Angesichts der medizinisch durchaus möglichen Verringerung der Verweildauer für Akutkrankenhäuser um 3 bis 4 Tage dürfte allein hier langfristig eine Kosteneinsparung von 15 % bis 20 % pro Patient erzielbar sein.

(2) Die zentrale Bedeutung der Ärzte für den Leistungsprozeß des Krankenhauses hat zu einer Machtverteilung mit eindeutiger Vorherrschaft der Mediziner geführt. Die notwendig auf Linderung der Leiden der Patienten gerichtete Motivstruktur der Ärzte verführt im Zusammenhang mit der faktischen Machtposition der Mediziner innerhalb der Krankenhausorganisation zu ökonomisch nicht vertretbaren, medizinisch mehr oder weniger nutzlosen Verhaltensweisen und Entscheidungen. Häufig werden die Beschaffung von diagnostischen und thera-

---

1) Hierbei handelt es sich um den Durchschnitt für Akut- und Sonderkrankenhäuser. In Akutkrankenhäusern betrug die Verweildauer 1969 18,6 Tage.

2) Vgl. auch Fußnote 10 auf S. 80.

3) Formel der analytischen Bettenbedarfsrechnung:

$$\text{Bettenbedarf} = \frac{\text{Einwohnerzahl x Krankenhaushäufigkeit x Verweildauer}}{\text{Bettennutzung pro Jahr}}$$

4) Die Krankenhaushäufigkeit von 0,1278 oder 127,8 Patienten auf 1 000 Einwohner entspricht z. B. der Ziffer für das Land NRW im Jahre 1967.

5) Diese Rechnung geht allerdings vereinfachend davon aus, daß der Bettennutzungsgrad von der Senkung der Verweildauer nicht negativ beeinflußt wird. Das ist jedoch nur bei einer langfristigen Betrachtung mit einer Anpassung der Kapazitäten richtig.

peutischen Hilfsapparaturen sowie die Verordnung teurer Medikamente usw. mit dem Hinweis begründet, daß der Einsatz dieser Apparaturen und Medikamente medizinisch unabdingbar sei für den Behandlungserfolg. Dabei werden die aus diesen Handlungsweisen resultierenden Kostenbelastungen nicht mit dem Beitrag verglichen, den sie am Heilungsprozeß haben. Unter dem Deckmantel einer nur schwer nachprüfbaren medizinischen Unabdingbarkeit kommt es in den Krankenhäusern vielfach zu Entscheidungen, die letztlich nicht dem Patienten, sondern ausschließlich individuellen Zielen der leitenden Krankenhausärzte – Prestige, Machtvergrößerung usw. – dienen. Unter Krankenhausärzten – insbesondere den leitenden Ärzten – herrscht heute noch bewußt oder unbewußt die Ansicht vor, daß ein Krankenhaus alles zu bieten habe und die Kosten überhaupt keine Rolle spielen. Überspitzt formuliert sehen es viele Krankenhausärzte als verwerflich an, überhaupt Kostenaspekte in die Betrachtung einzubeziehen. Mit dem Argument, die Kostenbetrachtung ginge letztlich zulasten der Patienten, machen es sich diese Gruppen innerhalb des Krankenhauses zu leicht. Um neben einer medizinischen auch eine ökonomische Effektivität des Leistungsprozesses im Krankenhaus zu erzielen, bedarf es dringend einer Änderung der Einstellung leitender Krankenhausärzte zu den Kosten der Krankenhausbehandlung.

Im folgenden ist zu analysieren, wie die Bedeutung des ökonomischen Prinzips in der praktischen Krankenhausführung erhöht werden kann und welche Ansatzpunkte für eine rationale, nach ökonomischen Kriterien bestimmte Betriebsführung der Krankenhäuser bestehen.

Für eine Verbesserung der ökonomischen Effektivität der Krankenhausführung bieten sich drei Ansätze:

1. Die Überwindung des bisherigen Zustandes einer weitgehend fehlenden Zielformulierung und Zielorientierung der Krankenhausführung.
2. Die Beseitigung von Mängeln in der Strukturorganisation der Krankenhäuser.
3. Die Verbesserung des derzeit völlig unzureichenden Informations- und Planungswesens der Krankenhäuser. Hierzu gehört insbesondere der Aufbau einer leistungsfähigen führungsorientierten Kostenrechnung.

Innerhalb des Abschnittes I. dieser Studie kommt es zunächst darauf an, die drei generellen Schwächen der gegenwärtigen Krankenhausführung in Form eines Überblickes summarisch aufzuzeigen und die Grundprinzipien für eine Verbesserung des Leistungs- und Führungsprozesses zu skizzieren. Die Detaildiskussion dieser Prinzipien und Vorschläge bleibt späteren Abschnitten vorbehalten. Die Vorschläge zur Verbesserung des Informationswesens, insbesondere der Rechnungslegung und Kostenrechnung einerseits, und die Bedeutung der Motivstrukturen und der Individualziele der an der Krankenhausorganisation beteiligten Gruppen für das Organisationsziel des Krankenhauses andererseits werden aus dieser Studie ausgegliedert. Die Bearbeitung dieser beiden Problemkreise erfolgt in zwei Dissertationen, die zur Zeit am Institut für industrielle Unternehmensforschung der Universität Münster angefertigt werden.

b) Die Zielorientierung des Entscheidungsprozesses als Determinante der Effizienz der Führung

1. Das Postulat rationaler Betriebsführung und die Grenzen der Rationalität

Das Postulat wissenschaftlich rationaler Krankenhausführung hat zur Voraussetzung, daß die Entscheidungsträger wissen, auf welche Ziele hin die ihnen übertragenen Entscheidungstatbestände – Mittelentscheidungen – auszurichten sind. Ihnen muß mithin für eine rationale Entscheidung für eine der möglichen Handlungsalternativen zur Lösung einer nach Art und Umfang sowie Qualität gegebenen Aufgabe ein Auswahl- oder Beurteilungskriterium vorgegeben werden, bzw. müssen sie sich ein derartiges Kriterium selbst ableiten. Rationale Betriebsführung ist dann nichts anderes als die konsequente Verfolgung dieses vorgegebenen oder selbst gesteckten Zieles.

Eine objektiv rationale Betriebsführung hat vier Voraussetzungen:

(1) Die Entscheidungstatbestände müssen gut definiert (strukturiert) sein.
(2) Es muß eine programmierbare operationale Werteordnung bestehen.
(3) Die Entscheidungsträger müssen sich alle technischen Alternativen für die Lösung einer bestimmten Aufgabe erarbeiten.
(4) Die Entscheidungsträger müssen die Konsequenzen, die mit der Ausführung bestimmter Entscheidungen verbunden sind, quantifizieren, d. h., sie müssen deren Zielbeitrag messen können.

Für die in der Praxis ablaufenden Entscheidungsprozesse lassen sich in der Regel nicht sämtliche dieser Voraussetzungen erfüllen. Ist jedoch eine dieser Voraussetzungen verletzt, so ist die Rationalität des Entscheidungsprozesses in einem gewissen Umfang eingeschränkt.

Die Einschränkungen der Rationalität der Krankenhausführung haben im wesentlichen folgende 6 Gründe:

(1) Gut strukturierte Entscheidungstatbestände liegen vor, wenn ein Entscheidungsgegenstand eindeutig definiert und abgegrenzt ist, die Konsequenzen einer Entscheidung überschaubar und die Beziehungen zu anderen Entscheidungstatbeständen bekannt sind. Der Grad an Strukturierung wächst dabei mit dem Grad an Überschaubarkeit der Entscheidungstatbestände. Das bedeutet, daß taktische Entscheidungen meistens eine klarere Struktur aufweisen als strategische Entscheidungen. Bei einer schlechten Strukturierung der Entscheidungstatbestände lassen sich die Entscheidungen nicht rational wissenschaftlich ableiten; sie werden vielmehr nach Gefühl, aufgrund von Machtpositionen oder persönlichen Anschauungen getroffen. Ein Vordringen wissenschaftlich rationaler Betriebsführung setzt voraus, daß die Struktur der Entscheidungstatbestände klar herausgearbeitet wird und die Entscheidungsträger über die Fähigkeit verfügen, diese Strukturen zu erkennen. Die Entscheidungstatbestände der Krankenhäuser sind

heute noch wegen erheblicher Mängel der Organisation des Entscheidungsprozesses, fehlender Schulung der Entscheidungsträger und einer geringen Planungsintensität schlecht strukturiert.

(2) Programmierbar, d. h. eindeutig, ist eine Werteordnung immer dann, wenn eine Entscheidung zwischen mehreren Handlungsalternativen schematisch ohne wertenden Eingriff des Menschen allein durch Vergleich des Zielerreichungsgrades der Alternativen möglich ist. Die Ableitung eindeutiger Werteordnungen (Zielsetzungen) ist in der Regel mit unüberwindlichen Schwierigkeiten verbunden, wenn eine Organisation mehrere zum Teil in Konkurrenz zueinander stehende Ziele verfolgt und am Zielbildungsprozeß viele Organisationsteilnehmer beteiligt sind. In dieser Situation gelingt es selten, konkurrierende Ziele in eine übergeordnete eindimensionale Zielsetzung zu integrieren. Probleme bei der Aufstellung einer Werteordnung für das Krankenhaus ergeben sich insbesondere aus dem Widerstreit medizinischer, ökonomischer und machtpolitischer Interessen. Gelingt es den Führungsorganen des Krankenhauses nicht, sich auf ein eindeutiges Wertesystem zu einigen, so sind die Entscheidungsprozesse nicht eindeutig auf ein zu erreichendes Ziel hin determiniert.

Im Falle einer unvollständigen Werteordnung, d. h. z. B. einer Werteordnung, die nur durch die Einhaltung bestimmter ökonomischer und medizinischer Mindestanforderungen definiert ist, hat der einzelne Entscheidungsträger für seine Entscheidungen einen subjektiv auszufüllenden Spielraum über das anzuwendende Entscheidungskriterium. Ein Mediziner wird sich dann z. B. für diejenige Alternative entscheiden, die den medizinischen Belangen unter Wahrung der ökonomischen Mindestanforderungen in bester Weise genügt. Ein Ökonom hingegen wird sich für die Alternative mit minimalen Kosten unter Wahrung der medizinischen Mindestanforderungen aussprechen.

Für eine nicht programmierbare Werteordnung läßt sich der Grad an Rationalität der Betriebsführung im Krankenhaus nicht eindeutig messen, da ein eindeutiger Vergleichs- oder Beurteilungsmaßstab fehlt.

Organisationstheoretisch haben nicht programmierbare Werteordnungen, die z. B. lediglich Mindestanforderungen für einzelne Zielgrößen fixieren, bei einer dezentralen, mehrzentrigen Führung einen entscheidenden Vorteil. Die nicht voll formulierte Werteordnung läßt den einzelnen Entscheidungsträgern einen Spielraum, um ihre persönlichen Neigungen, Intentionen und Motive in den Entscheidungsprozeß einfließen zu lassen. Diesem Gestaltungsspielraum kommt in hohem Maße eine motivierende Wirkung zu, da er es den Entscheidungsträgern gestattet, persönliche individuelle Ziele in den Entscheidungsprozeß einfließen zu lassen. Unvollständig definierte Werteordnungen der skizzierten Art lassen dann die Erwartung zu, daß sich die Entscheidungsträger u. U. leichter mit dem „Zielsystem" des Krankenhauses identifizieren. Gelingt es dem Krankenhausträger jedoch nicht, den Gestaltungsspielraum der Ziele durch den einzelnen Entscheidungsträger auf ein sinnvolles Maß zu begrenzen, werden die individuellen Ziele der Entscheidungsträger den gesamten Entscheidungsprozeß dominieren.

(3) Bei der Festlegung eines Entscheidungskriteriums für die Wahl zwischen mehreren technischen Alternativen entscheidet man sich in der Praxis häufig nicht dafür, eine bestimmte Zielgröße zu minimieren – z. B. die Kosten – oder zu maximieren; vielmehr wird an die Stelle eines Idealzieles wie z. B. „Minimierung der Kosten" für die Essensversorgung für einen bestimmten Qualitätsstandard des Essens ein Realziel gesetzt, um zu einem überschaubaren operationalen Entscheidungsprozeß zu gelangen. Dieses Realziel kann z. B. darin bestehen, eine Alternative für die Essensversorgung zu suchen, die bei gleichem Qualitätsstandard des Essens die Kosten gegenüber der derzeitigen Situation um einen bestimmten DM-Betrag oder einen bestimmten Prozentsatz zu senken erlaubt. Durch dieses operationale Realziel wird der Entscheidungsprozeß überschaubarer, und er erfordert i. d. R. auch weniger Zeit im Vergleich zum Idealziel, da ein sinnvolles, d. h. ein erreichbares Niveau des Realziels den Entscheidungsträger der Mühe enthebt, alle denkbaren Entscheidungsalternativen zu erarbeiten. Die Alternativensuche wird vielmehr beendet, sobald eine befriedigende Lösung gefunden ist. Die Ableitung eines als befriedigend empfundenen Niveaus der Zielgröße wird dabei von subjektiven Merkmalen, wie Erfahrung und Erwartungen, bestimmt. Entscheidungsprozesse, die sich an einem befriedigenden Niveau der Zielgröße ausrichten, genügen wegen der subjektiv determinierten Wahl des Niveaus der Zielgröße nicht dem Kriterium objektiver Rationalität.

(4) Ein objektiv rationaler Entscheidungsprozeß hat die Kenntnis sämtlicher Entscheidungsalternativen zur Voraussetzung. Unter dem Postulat objektiver Rationalität wäre der Entscheidungsträger folglich gezwungen, alle technisch möglichen Alternativen zur Lösung einer Aufgabe zu ermitteln und in den Maßeinheiten der Zielgröße zu bewerten. Die Suche sowie die Bewertung sämtlicher Alternativen erfordert jedoch sehr viel Zeit. Außerdem muß der Entscheidungsträger über bestimmte Fähigkeiten für die Suche und Bewertung der Alternativen verfügen.

Eine beschränkt verfügbare Zeit für die Abwicklung des Entscheidungsprozesses sowie eine Begrenzung der Fähigkeiten des Entscheidungsträgers setzt der Rationalität bestimmte Grenzen, da es z. B. allein aus dem Grunde einer knapp bemessenen Entscheidungszeit nicht möglich ist, alle Alternativen zu erarbeiten. Das Ausmaß der Begrenzung der Rationalität des Entscheidungsprozesses durch die knappe Entscheidungszeit und die Fähigkeiten des Entscheidungsträgers ist insbesondere von der Organisation eines Unternehmens sowie von der Stellenbesetzung abhängig.

Wird z. B. im Rahmen der Organisation gegen die Kapazitätsbedingung verstoßen, d. h., werden einem Entscheidungsträger mehr Aufgaben übertragen, als er innerhalb der verfügbaren Arbeitszeit mit Überlegung bewältigen kann, so wird die Rationalität des Entscheidungsprozesses stark eingeschränkt, da die auf den einzelnen Entscheidungsakt entfallende Entscheidungszeit für eine fundierte Lösung des Problems nicht ausreicht. Eingeschränkt wird die Rationalität auch dann, wenn eine bestimmte Stelle innerhalb der Organisationsstruktur von

Entscheidungsträgern bestimmte Fähigkeiten verlangt, die er z. B. aufgrund fehlender Schulung nicht mitbringt.

Eine zu knapp bemessene Entscheidungszeit sowie fehlende Fähigkeiten aufgrund unzureichender Schulung in den erforderlichen Management-Techniken sind nicht zuletzt einige der Gründe für die derzeit geringe Rationalität des Entscheidungsprozesses in Krankenhäusern. So sind z. B. häufig weder die Verwaltungsleiter noch die Mitglieder der Krankenhausausschüsse mit den nötigen Techniken für eine rationale Beurteilung der Entscheidungsalternativen vertraut. Die Schuld an diesem Mißstand trifft dabei weder die Verwaltungsleiter noch die Mitglieder der Krankenhausausschüsse; vielmehr ist sie bei jenen zu suchen, die diese Stellen besetzen, ohne für eine ausreichende Schulung der späteren Stelleninhaber zu sorgen.

(5) Der mit einer bestimmten Entscheidungsalternative verbundene Erfolg – z. B. die Höhe der Kosten – kann nur dann eindeutig quantifiziert werden, wenn über die künftige Datensituation, innerhalb der die Alternative verwirklicht wird, einwertige Erwartungen bestehen. So kann z. B. über die Höhe der Kosten, die mit einem bestimmten System der Essensversorgung verbunden ist, erst dann eindeutig etwas ausgesagt werden, wenn die genauen Entwicklungen der Löhne sowie der Energiekosten usw. bekannt sind. Die Entwicklung dieser Daten ist jedoch mit mehr oder weniger großen Unsicherheiten verbunden. Die Folge dieser Unsicherheiten ist, daß einer bestimmten Maßnahme kein eindeutiger Kostenbetrag zugeordnet werden kann; vielmehr ergibt sich für jede mögliche Datensituation ein anderer Kostenbetrag.

Bedingt durch diese Unsicherheit der Daten ist es nicht möglich, eindeutig zu sagen, welchen Beitrag eine bestimmte Maßnahme zur Zielsetzung zu leisten vermag. Das aber wiederum hat zur Folge, daß eine Maßnahme A einer Maßnahme B vorgezogen wird, wenn die Datensituation I eintritt. Erweist sich jedoch die Datensituation II als gültig, so wäre B der Maßnahme A vorzuziehen. Die Entscheidung für A oder B hängt somit von der subjektiven Erwartung des Entscheidungsträgers über die eintreffende Datensituation ab.

(6) Die Rationalität des Leistungsprozesses im Krankenhaus wird in doppelter Hinsicht durch den durchaus nicht immer rational agierenden und reagierenden Menschen beeinträchtigt.

(a) Bei den Krankenhausleistungen handelt es sich im wesentlichen um Dienstleistungen, zu deren Bereitstellung kaum Maschinen eingesetzt werden können. Dominierend in der produktiven Kombination des Krankenhauses ist der Produktionsfaktor „menschliche Arbeitskraft". Allein die Fähigkeiten der einzelnen Organisationsteilnehmer, ihre Leistungsbereitschaft und Arbeitsintensität bestimmen den „Ertrag" des Kombinationsprozesses. Arbeitsprozesse, in denen der Mensch eine derart zentrale und dominierende Stellung einnimmt, lassen sich weniger stark rational durchdringen und nicht so gut steuern wie Leistungsprozesse, in denen Maschinen Takt und Tempo der Arbeit diktieren, weil in den Leistungsprozeß in starkem Maße individuelle Motive und Rollenerwartungen einfließen, die sich einer rationellen Gestaltung entziehen.

Die Leistungsprozesse im Krankenhaus sind, bedingt durch die Dominanz der menschlichen Arbeitskraft, mit größeren innerbetrieblichen Unsicherheiten und psychologischen Unwägbarkeiten verbunden, als das im allgemeinen in der Industrie der Fall ist. Die Planung des Leistungsprozesses im Krankenhaus wirft folglich schwierige soziologische und psychologische Probleme auf.

Die Effektivität des Leistungsprozesses im Krankenhaus ist aus diesem Grunde sehr stark davon abhängig, ob es gelingt, die einzelnen Mitarbeiter zu hohen Leistungen zu motivieren. Aus diesem Grunde kommt der Motivation in der Organisation des Krankenhauses eine herausragende Bedeutung für die Effektivität des Leistungsprozesses zu.

(b) Die Dienstleistungen des Krankenhauses werden von Menschen für Menschen als Patienten erbracht. Damit gewinnt der Patient, dem die Leistungen gewidmet sind, einen starken Einfluß auf den Leistungsprozeß. Die Einflüsse des Patienten auf den Leistungsprozeß haben zwei Wurzeln:

1. Einmal können die vorgehaltenen Leistungen nur erbracht werden, wenn ein Patient vorhanden ist und bestimmte Bedürfnisse äußert. Art, Umfang und Zeitpunkt des Auftretens dieser Bedürfnisse lassen sich im Einzelfall nicht vorausbestimmen. Aufgrund statistischer Beobachtungen sind lediglich die Häufigkeiten bestimmter Bedürfnisse abzuschätzen und mittlere Arbeitszeiten sowie Streuungen für die Befriedigung dieser Bedürfnisse anzugeben. Aus dieser Unsicherheit über den Arbeitsanfall resultieren schwierig zu lösende Planungsprobleme über die erforderliche Anzahl von Arbeitskräften, z. B. Schwestern oder Pfleger auf einer Station, um einerseits eine permanente Überbelastung der Arbeitskräfte mit sinkender medizinischer und pflegerischer Effektivität, andererseits aber auch große unwirtschaftliche Leerzeiten der Arbeitskräfte zu vermeiden.

2. Der Patient als „soziales Behandlungsobjekt" wirft zusätzliche Probleme auf. So scheiden u. U. ökonomisch wünschenswerte Behandlungs- und Versorgungsverfahren aus, weil sie den Patienten psychologisch belasten können und den medizinischen Erfolg einer begonnenen Behandlung infrage stellen. Die zentrale Stellung des Patienten und seines Wohlergehens im Krankenhaus wirft eine Vielzahl psychologischer und soziologischer Probleme auf, die einer rationalen und auf rein ökonomische Kriterien ausgerichteten Durchdringung der Produktionsverhältnisse im Krankenhaus relativ enge Grenzen setzen.

Die Fälle zu 1 bis 6 zeigen, daß es eine Reihe unvermeidbarer, aber auch durch organisatorische Gestaltung vermeidbarer Ursachen für eine Begrenzung einer rationalen Betriebsführung im Krankenhaus gibt. Selbst wenn man sich bemüht, die vermeidbaren Ursachen weitgehend auszuschalten, muß eine objektiv rationale Betriebsführung als undurchführbar gelten. Es kann sich immer nur um eine subjektiv rationale Betriebsführung handeln. Diese notwendige Einschränkung des Postulates rationaler Betriebsführung gilt insbesondere für das Krankenhaus, d. h., man darf hier wie bei allen praktischen Entscheidungsprozessen keine überspitzten Forderungen an den Grad der Rationalität stellen.

Ein in der Praxis durchsetzbares Organisations- und Führungskonzept für Krankenhäuser kann aus den skizzierten Gründen nur vom Konzept begrenzten Rationalverhaltens ausgehen. Es kommt jedoch ganz entscheidend darauf an, ein Organisations- und Führungskonzept zu entwerfen, dem ein größeres Maß an Rationalität als den heute dominierenden Organisations- und Führungsstrukturen im Krankenhaus immanent ist. Hier wird bereits der Zusammenhang zwischen Rationalität der Führung und der Organisation des Führungs- und Entscheidungsprozesses deutlich, auf den an späterer Stelle noch näher eingegangen wird.

2. Grundzüge eines Zielsystems für Krankenhäuser

Rationales, d. h. zielgerichtetes Handeln setzt voraus, daß den Entscheidungsträgern im Krankenhaus durch den Träger oder im Zusammenwirken mit diesem ein Zielsystem gegeben wird, das zur Richtschnur des Handelns erklärt wird. Das Zielsystem muß zwei Zielkomponenten umfassen: Einmal das Sachziel bzw. das Aktionsfeld des Krankenhauses und zum zweiten die kategorialen sowie ökonomischen Formalziele zur Beurteilung der einzelnen Handlungsalternativen innerhalb des Aktionsfeldes.

Unter der Wahl des Aktionsfeldes eines Krankenhauses ist die Zusammensetzung der anzubietenden Fachabteilungen sowie die Festlegung der „Behandlungstiefe" und Intensität zu verstehen. Unter der Behandlungstiefe werden die fünf Dienste (Forschung, Diagnose, Therapie, Isolation und Pflege) verstanden, die für den einzelnen Kranken bzw. alle Kranken mit bestimmten Krankheitsbildern gemeinsam im Krankenhaus ausgeführt werden können.

Die Wahl des Aktionsfeldes ist im Krankenhaus überwiegend nicht ökonomisch determiniert. Vielmehr richtet sie sich nach dem noch ungedeckten Bedarf an medizinischer Versorgung der Bevölkerung, dem Leistungsstand der medizinischen Forschung, soziologischen und psychologischen Erfordernissen der Krankenbehandlung sowie nach macht- oder parteipolitischen Gesichtspunkten der Krankenhausträger.

Obwohl für die Wahl des Aktionsfeldes eines Krankenhauses nicht in erster Linie wirtschaftliche Gesichtspunkte von Bedeutung sind, schlagen diese grundsätzlichen Entscheidungen stets auf den ökonomischen Bereich durch, d. h., diese Entscheidungen haben tiefgreifende Einnahme-, Ausgabe-, Ertrags- und Kosteneinflüsse. Bei der Wahl des Aktionsfeldes der Krankenhäuser müssen die ökonomischen Konsequenzen, die von diesen Entscheidungen ausgehen, stets als Nebenbedingung mit beachtet werden; das Aktionsfeld darf mithin nicht so festgelegt werden, daß bereits durch diese Wahl ein Ausgleich zwischen Ausgaben und Einnahmen aus dem laufenden Be-

2*

trieb unmöglich wird. Gegen diese ökonomische Bedingung darf ein Aktionsfeld nur dann verstoßen, wenn es sich um die Abdeckung eines notwendigen medizinischen Bedarfs oder um Forschungsarbeiten handelt und die finanziellen Fehlbeträge im Wege von Subventionen durch den Träger aufgebracht oder beschafft werden können.

Durch die Wahl des Aktionsfeldes wird die Betriebspolitik des Krankenhauses nachhaltig und in der Regel langfristig festgelegt. Aus diesem Grunde sollten Entscheidungen dieser Tragweite durch den Krankenhausträger nach eingehender Prüfung aller Konsequenzen durchgeführt werden.

Aufgabe der Formalziele der Krankenhausführung ist es, für die Wahl der Handlungsalternativen innerhalb des definierten Aktionsfeldes Beurteilungskriterien zu schaffen. Für das Krankenhaus als nicht wirtschaftlichem Betrieb scheiden dabei Zielgrößen wie Gewinn und Rentabilität allein von der Zwecksetzung des Krankenhauses her aus. Zielgröße des Wirtschaftens in Krankenhäusern können nur die Kosten für eine qualitativ und quantitativ genau definierte Leistung sein[6]. Dabei kommt es darauf an, ein befriedigendes oder gar minimales Kostenniveau[7] anzustreben.

Durch den vorzugebenden Leistungsstandard der im Krankenhaus zu erbringenden Dienstleistung – kategoriales Ziel – ist das Formalziel des Wirtschaftens nicht allein ökonomisch determiniert. Die Auswahl einer aus einer Vielzahl technisch möglicher Handlungsalternativen vollzieht sich vielmehr immer in zwei aufeinanderfolgenden Stufen:

1. Stufe
Zunächst sind die Handlungsalternativen daraufhin zu überprüfen, ob sie den kategorialen Zielen genügen. Zu diesen kategorialen Zielen eines Krankenhauses zählen:

(1) Die Behandlungsmethoden, die Organisationsformen der Behandlungen, Pflege und Versorgung müssen medizinisch geeignet sein, d. h., sie müssen z. B. eine bestimmte Wahrscheinlichkeit für einen Behandlungserfolg besitzen bzw. den Heilungsprozeß unterstützen, und sie müssen dem Stand der medizinischen Forschung sowie dem sozialen Standard der Volkswirtschaft entsprechen.

(2) Die Behandlungsmethoden und Organisationsformen der Behandlung, Pflege und Versorgung müssen im Einklang mit der Würde der zu behandelnden Patienten stehen.

Mit Hilfe der kategorialen Ziele sind jene Handlungsalternativen auszuschließen, die zu keiner nach dem jeweiligen Stand der medizinischen Forschung, des sozialen Standards usw. befriedigenden Lösung der Aufgabe eines Krankenhauses führen. Der Inhalt der kategorialen Ziele eines Krankenhauses muß von Zeit zu

---

6) Für einige Bereiche wäre auch die „Verbesserung" der Leistungen nach Qualität und Quantität bei gegebenen Kosten- oder Faktorverbräuchen als Ziel denkbar.

7) Das minimale Kostenniveau ist dabei einschränkend im Sinne einer subjektiv rationalen Betriebsführung zu interpretieren, d. h. es kommt nicht auf das objektive Minimum der Kosten, sondern z. B. auf das Minimum im Rahmen der verfügbaren Entscheidungszeit an.

Zeit neu überdacht und den sozialen und medizinischen Erfordernissen angepaßt werden, da das, was als befriedigende Lösung der Aufgabe eines Krankenhauses angesehen wird, vom Entwicklungsstand der sozialen Umwelt abhängig ist.

Bei der Formulierung der kategorialen Ziele sollte stets bedacht werden, daß diese Ziele auch auf die ökonomischen Ziele Einfluß haben. Werden durch die kategorialen Ziele z. B. hohe Anforderungen an die Qualität der Pflege, der Unterbringung und Behandlung der Patienten gestellt, die medizinisch nicht unbedingt erforderlich, sozialpolitisch aber vielleicht wünschenswert sind, so haben diese Ziele hohe, u. U. nicht tragbare Kosten zur Folge. Die Formulierung der kategorialen Ziele sollte daher nie ohne Berücksichtigung der ökonomischen Konsequenzen sowie der finanziellen Leistungsfähigkeit der Kaufkraftträger für die Krankenhausleistungen vorgenommen werden.

2. Stufe

Ein rein ökonomisches Entscheidungskriterium ist dann auf die Handlungsalternativen anzuwenden, die das Filter der kategorialen Ziele überwunden haben. Das ökonomische Entscheidungskriterium kann dabei für Dienstleistungsbetriebe, die nach dem Kostendeckungsprinzip arbeiten, nur das ökonomische Prinzip in der Ausgestaltung der Kostenminimierung sein.

Die skizzierte Zweistufigkeit des Entscheidungsprozesses – kategoriale Ziele, ökonomische Ziele – verdeutlicht, welchen Standort ökonomische Analysen in der Krankenhausführung haben. Allein aus dieser, durch kategoriale Ziele relativierten Stellung heraus ist es unmöglich, die Krankenhausführung radikal auf ökonomische Kriterien hin ausrichten zu wollen. Vielmehr geht es immer nur darum, die kategorialen Ziele durch ökonomische Zielvorstellungen zu ergänzen. Die notwendige Ergänzung der kategorialen, im wesentlichen medizinisch orientierten Ziele durch das ökonomische Prinzip folgt unmittelbar aus der Kollektivorientierung der Krankenhäuser. Unter Kollektivorientierung kann nicht allein der Dienst am kranken Menschen verstanden werden; vielmehr kommt es im Rahmen der Kollektivorientierung auch darauf an, die Kosten möglichst gering zu halten, die die Allgemeinheit für die Versorgung mit Krankenhausleistungen bestimmter Qualität zu tragen hat. Die Kollektivorientierung der Krankenhäuser erzwingt daher notwendig eine rationale Betriebsführung nach ökonomischen Kriterien.

Das Prinzip der Kostendeckung kann für die Krankenhausführung wegen der Kollektivorientierung der Krankenhäuser nicht als Zielgröße des Wirtschaftens angesehen werden, da diesem Prinzip bei dem gegenwärtigen Preisrecht für Krankenhausleistungen sowie der Subventionspolitik der Träger kein Zwang zu rationaler Betriebsführung innewohnt. Durch das gegenwärtige Preisrecht werden grundsätzlich alle anfallenden Kosten vergütet, wenn man einmal vereinfachend davon absieht, daß die Verordnungsselbstkosten nicht den betriebswirtschaftlichen Selbstkosten entsprechen. Da durch das gegenwärtige Preisrecht grundsätzlich die Kosten unabhängig vom Wirtschaftlichkeitsgrad der Leistungserstellung vergütet werden, ließe sich nach dem Ziel „Kostendeckung" zwischen den Alternativen, die das Filter der kategorialen Ziele passiert haben, keine rationale Auswahl treffen. Für jede Alternative ist vielmehr aufgrund der Konstruktion des Preisrechtes die Kostendeckung im Grunde bereits gesichert.

An dieser Stelle wird bereits die Bedeutung einer sinnvollen Gestaltung des Preisrechts der Krankenhäuser für das Wirtschaftlichkeitsdenken bei der Leistungserstellung im Krankenhaus sichtbar. Ein ökonomisch sinnvolles Preisrecht darf keinesfalls eine Erstattung der Istkosten unabhängig vom Wirtschaftlichkeitsgrad der Leistungserstellung vorsehen. Vielmehr sollte das Tarifsystem zum Stimulus für wirtschaftliches Verhalten umgestaltet werden.

Eine rationale Betriebsführung ist heute in den Krankenhäusern u. a. deshalb nicht erreicht, weil die Träger bislang auf die Definition einer verbindlichen Zielsetzung verzichtet haben. Damit fehlt aber jedes Beurteilungskriterium dafür, wann und ob die Krankenhausführung rational gehandelt hat. In den Satzungen der Krankenhausträger findet sich zwar meistens der Hinweis, daß die Krankenhäuser nach wirtschaftlichen Gesichtspunkten zu führen sind; dieser Hinweis kann jedoch nicht als Zielsetzung im oben definierten Sinne interpretiert werden, da das, was man sich unter wirtschaftlichen Gesichtspunkten vorzustellen hat, nicht klar definiert und beschrieben werden kann. Das Postulat einer Führung nach wirtschaftlichen Gesichtspunkten erfüllt nicht die Bedingungen, die an ein operationales Ziel zu stellen sind, da es so unklar und unpräzise formuliert ist, daß es von den Entscheidungsträgern nicht verstanden und bezüglich des Grades seiner Erreichung nicht überprüft werden kann. Dieses Postulat ist so vage und unverbindlich, daß es immer gelingen wird, Kriterien zu finden, die die Befolgung dieses „Zieles" beweisen, ähnlich wie es politischen Parteien nach Wahlen aufgrund unpräziser Formulierungen der Wahlziele fast immer gelingt, zu zeigen, daß sie die eigentlichen Gewinner sind.

Die Führung der Krankenhäuser kann erst dann rationaler werden, wenn sich die Träger nicht mehr den Luxus vager, nicht kontrollierbarer Ziele leisten. Es ist daher die Forderung aufzustellen, daß sich die Krankenhausträger über die zu verfolgenden Ziele mehr Klarheit verschaffen, die für den Entscheidungsprozeß der Krankenhäuser verbindlich sein sollen.

3. Identifikation der Entscheidungsträger mit den Zielen des Krankenhauses

Mit der Festlegung des Aktionsfeldes sowie des Formalzieles eines Krankenhauses allein ist noch nicht die Gewähr für eine rationale Betriebsführung gegeben. Sie ist erst dann möglich, wenn sich die Entscheidungsträger mit diesen Zielen identifizieren und sie als ihre eigenen persönlichen Ziele ansehen. Ein Verhalten der Entscheidungsträger nach den vorgegebenen Zielen ist im allgemeinen immer dann gefährdet, wenn die Organisationsmitglieder entweder die Folgen eines nicht zielkonformen Verhaltens nicht am eigenen Leibe spüren oder wenn das Organisationsziel im Widerstreit mit individuellen oder Gruppenzielen oder den Rollenerwartungen der Organisationsteilnehmer steht. Die Gefahr einer fehlenden, zumindest unzureichenden Identifikation der Entscheidungsträger mit den wirtschaftlichen Organisationszielen ist im besonderen Maße in Betrieben gegeben, die nach dem Kostendeckungsprinzip arbeiten oder bei denen eine finanzielle Unterdeckung durch Subventionen aufgefangen wird. In Betrieben dieser Art haben gute Entscheidungen meistens keine positiven, und schlechte keine negativen Sanktionen zur Folge. Die jährliche Kontrolle durch das Rechnungsprüfungsamt sowie die Kontrolle durch den Träger reichen in der Regel nicht aus, um ein ökonomisch orientiertes Verhalten zu sichern.

Organisationen dieser Art erfordern in besonderem Maße die Schaffung von Anreizen zu zielkonformem Handeln und die Institutionalisierung dieser Anreize innerhalb der Organisationsstruktur, um die Rationalität des Entscheidungsprozesses zu erhöhen. In der noch mangelhaften Identifikation der Entscheidungsträger mit dem aus volks- und betriebswirtschaftlicher Sicht dringend zu beachtenden ökonomischen Prinzip sowie dem Fehlen entsprechender Anreizsysteme in der Organisation der Krankenhäuser dürfte einer der wesentlichsten Gründe für die gegenwärtig nicht befriedigende Effizienz der Betriebsführung liegen. Für eine Verbesserung der Rationalität der Krankenhausführung erscheint es daher dringend erforderlich, derartige Anreize zu schaffen.

Eine Verbesserung der Identifikation der Organisationsmitglieder mit den Zielen der Organisation könnten z. B. durch die Kombination folgender Einzelmaßnahmen erreicht werden:

(1) *Unabhängigkeit der Betriebsleitung*

Kommunale Krankenhäuser werden z. Zt. überwiegend als Regiebetriebe mit einer vollständigen Integration in die kommunale Verwaltung geführt. Folge dieser Organisationsform ist es, daß dem Betriebsleiter, also insbesondere dem Verwaltungsleiter, nur Durchführungs-, aber keine Entscheidungskompetenzen zukommen. Die geringe, meistens völlig fehlende Übertragung von Verantwortung und Entscheidungskompetenz auf die Betriebsleitung unterdrückt jede Initiative und jede Motivation zu wirtschaftlichem Handeln. Von einer Stärkung der Unabhängigkeit der Betriebsleitung sowie der Übertragung eigenverantwortlich wahrzunehmender Entscheidungskompetenzen dürfte eine starke Motivation zu einer rationalen, unbürokratischeren Betriebsführung ausgehen. Die Krankenhausträger sollten die Krankenhausführung verselbständigen und zu einer Einflußnahme auf die Krankenhausleitung über die Fixierung der kategorialen und ökonomischen Ziele übergehen.

(2) *Mitwirkung bei der Zielfixierung*

Der Betriebsleitung des Krankenhauses sollte ein Mitbestimmungsrecht bei der Fixierung der zu verfolgenden Ziele eingeräumt werden. In gemeinsamer Arbeit von Träger und Betriebsleitung (leitender Arzt, Verwaltungsdirektor und Oberin) sollten z. B. Kostenbudgets für dem Umfang und der Qualität nach festgelegte Leistungen als Zielgrößen vereinbart werden, die die Betriebsleitung bei guter Wirtschaftlichkeit erreichen kann. Zu denken wäre auch an die Vereinbarung von Verweildauern, die einer medizinisch nicht erforderlichen Streckung der Krankenhausaufenthalte der Patienten entgegenwirken. Von einer derartigen gemeinsamen Vereinbarung operationaler Betriebsziele im Sinne des Management by Objectives geht ebenfalls eine starke Leistungsmotivation aus.

(3) *Abhängigkeit der Bezüge vom Zielerreichungsgrad*

Es sollte auch erwogen werden, die Bezüge der Entscheidungsträger zumindest in einem gewissen Umfang vom Zielerreichungsgrad abhängig zu machen. Durch eine derartige Kopplung der persönlichen Bezüge an die Unternehmensziele ist eine Stärkung des Wirtschaftlichkeitsstrebens zu erwarten, da hierdurch in aller Regel eine hohe Zielidentifikation erreicht wird. Eine derartige Kopplung könnte z. B. über die Gewährung von Zulagen (Prämien) sowie durch eine Staffelung der Abgaben der Ärzte an das Krankenhaus aus dem Liquidationsrecht nach dem Zielerreichungsgrad oder eine Schaffung von Aufstiegschancen erfolgen.

(4) *Gesinnungspflege*

Durch eine ständige Gesinnungspflege soll den Mitarbeitern und Entscheidungsträgern im Krankenhaus verdeutlicht werden, daß das Gemeinwohl außer durch die Sorge für den Kranken auch durch die Beachtung des Prinzips sparsamer Haushaltsführung gesteigert wird. Zweck dieser Gesinnungspflege muß es sein, den Mitgliedern der Organisation „Krankenhaus" zu verdeutlichen, daß Individual- und Gruppenziele hinter der Kollektivorientierung des Krankenhauses zurückstehen müssen.

(5) *Gestaltung der Datensituation*

Eine Motivation zu wirtschaftlichem Handeln geht auch von der Art der Datenkonstellation aus, in der sich das Wirtschaften im Krankenhaus vollzieht. So sollte z. B. das Preisrecht der Krankenhäuser so umgestaltet werden, daß die anfallenden Kosten nicht unabhängig vom Grad der Wirtschaftlichkeit erstattet werden. Zumindest müßte das Preisrecht Anreize für eine Erhöhung der Wirtschaftlichkeit (z. B. Verweildauerkürzungen) bieten[8]. Für die Steigerung der Wirtschaftlichkeit wäre eine gewisse Konkurrenz, aber auch eine Kooperation der Krankenhäuser eines Gebietes zu befürworten.

Insgesamt sind die Möglichkeiten, im Krankenhaus durch materielle Anreizsysteme eine Identifikation der Entscheidungsträger mit dem Organisationsziel zu erreichen, recht begrenzt. Eine Identifikation der Organisationsteilnehmer mit dem Organisationsziel kann im wesentlichen nur dann erzielt werden, wenn die Individual- und Gruppenziele sowie die Rollenerwartungen der Organisationsteilnehmer in das Organisationsziel integriert werden und ein Widerstreit zwischen Individualzielen und dem Organisationsziel weitgehend vermieden wird.

Die Integration von Individualzielen in das Organisationsziel birgt die Gefahr einer Dominanz der Individualziele und Rollenerwartungen einiger Gruppen des Krankenhauses in sich, da das Ergebnis des Zielbildungsprozesses von den Machtstrukturen in der Krankenhausführung abhängig ist. Die Dominanz von Individualzielen einzelner Gruppen führt dann u. U. zu einem Zielsystem der Krankenhäuser, das einmal

---

8) Vgl. dazu auch IV, b, 1.

der Kollektivorientierung des Krankenhauses nicht voll gerecht wird und das zum anderen aufgrund der Verfestigung überkommener Machtstrukturen zu einer Unterdrückung der individuellen Ziele einiger Gruppen von Organisationsteilnehmern im Krankenhaus führt. Diese Gruppen werden sich dann mit dem Organisationsziel nicht oder nur teilweise identifizieren, und sie werden infolgedessen ihre Beiträge zur Erreichung des Organisationszieles einschränken, da sie von der Organisation nur geringe Anreize empfangen.

Der Berücksichtigung der Individualziele und der Rollenerwartungen der Organisationsteilnehmer kommt für den Zielbildungsprozeß in Krankenhäusern eine ausschlaggebende Bedeutung zu. Das Problem der Zielfixierung besteht dabei darin, einen optimalen Ausgleich zwischen den Zielen aller Gruppen der Organisation einerseits und der Kollektivorientierung des Krankenhauses andererseits zu finden. Dabei ist langfristig eine Berücksichtigung der Ziele aller Gruppen des Krankenhauses anzustreben. Kurzfristig wird die Dominanz der Ziele einiger Gruppen jedoch unvermeidlich sein. Jede Dominanz von Individualzielen wird die Effektivität der Krankenhausführung einschränken, wenn es aufgrund dessen zu Handlungsweisen im Krankenhaus kommt, die nicht mit der Kollektivorientierung der Krankenhäuser vereinbar sind. Ein Abbau der Dominanz der Ziele einzelner Gruppen des Krankenhauses und die Erhöhung der Führungseffizienz im Sinne der Kollektivorientierung ist nur durch langfristig wirkende Maßnahmen zur Veränderung der Rollenerwartungen und Individualziele der Organisationsteilnehmer möglich. Dieser Zusammenhang gilt insbesondere für die leitenden Krankenhausärzte, deren Rollenerwartungen, Handlungsmotive und Ziele eindeutig den derzeitigen Führungs- und Leistungsprozeß im Krankenhaus beherrschen. Die derzeitigen Rollenerwartungen der leitenden Ärzte stehen aber hinsichtlich der Machtstruktur, des Liquidationsrechtes und der teilweisen Unterdrückung des ökonomischen Prinzips durchaus nicht voll im Einklang mit der Kollektivorientierung des Krankenhauses.

c) Die Strukturorganisation des Krankenhauses als Determinante der Wirtschaftlichkeit

Die Grundstruktur des gegenwärtig dominierenden Organisationsmodells der Krankenhäuser sieht neben einer Betriebsleitung, die sich in der Regel aus dem ärztlichen Direktor, dem Verwaltungsleiter und der Oberin zusammensetzt, eine oder mehrere externe Führungsorgane der Krankenhausträger, wie etwa Krankenhausausschüsse, Dezernenten der Kommune, Gemeindevertretungen usw. vor. Dieses Grundmodell wird von Fall zu Fall abgewandelt und ergänzt.

Alle Abwandlungen sind jedoch durch zwei Gemeinsamkeiten gekennzeichnet:

(1) Die Mitglieder der externen Entscheidungs- oder Beratungsgremien sind nicht hauptberuflich oder nicht ausschließlich mit der Krankenhausführung betraut. Der Kompetenzbereich des zuständigen Dezernenten kommunaler Krankenhäuser umfaßt z. B. in aller Regel nicht allein den Bereich des Krankenhauses,

sondern erstreckt sich meistens noch auf andere soziale und kulturelle Bereiche. Die Krankenhausausschüsse werden entweder durch politische Beschlüsse der Gemeindevertretungen oder durch die Träger freigemeinnütziger Krankenhäuser mit Personen besetzt, für die die Arbeit in diesen Ausschüssen nur einen geringen Teil ihrer Arbeitskraft absorbiert und die häufig auch keine speziellen Fähigkeiten oder Kenntnisse zur Leitung von Krankenhäusern mitbringen. Die externen Gremien sind somit nicht mit Spezialisten und Führungskräften besetzt, die sich hauptberuflich dem Krankenhaus und seiner Leitung widmen.

(2) Alle Abwandlungen des Organisationsmodells sehen vor, daß die medizinischen Entscheidungskompetenzen allein beim ärztlichen Direktor und dessen Fachkollegen liegen. Für diese Entscheidungen sieht das Organisationsmodell keinerlei Kontrollinstanzen vor. Die medizinischen Entscheidungen dominieren dabei die wirtschaftlich wirksamen Entscheidungen der internen und externen Führungsgremien im Krankenhaus, d. h., die Dominanz der Mediziner bzw. medizinischer Argumente verhindert gegenwärtig weitgehend eine Führung des Krankenhauses nach ökonomischen Gesichtspunkten.

Das Grundmodell der Organisation des Krankenhauses wird im Einzelfall durch die Verteilung der Kompetenzen zwischen der internen Betriebsleitung und den externen Gremien modifiziert.

Die Verteilung der nicht medizinischen Entscheidungskompetenzen zwischen den internen und externen Gremien ist durch die folgenden beiden Extremfälle gekennzeichnet:

1. Der Betriebsleitung werden im ökonomischen Bereich keine Weisungskompetenzen übertragen. Ihre „Leitungsfunktion" beschränkt sich allein auf die Durchsetzung der durch externe Gremien getroffenen Entscheidungen sowie auf die Ausübung von Verwaltungs- und Abrechnungsaufgaben.

2. Der Betriebsleitung werden die Entscheidungskompetenzen übertragen, die für die laufende Betriebsführung erforderlich sind, d. h., sie trägt die Verantwortung für die laufenden Geschäfte. Grundsatzentscheidungen wie z. B. Investitions- und Finanzierungsmaßnahmen, Personalbesetzungen usw. werden durch die externen Gremien der Träger wahrgenommen.

Das kurz skizzierte Grundmodell der Krankenhausführung weist insbesondere bei fehlenden Weisungskompetenzen der Betriebsleitung einige wesentliche Mängel auf, die die ökonomische Effektivität des Leistungsprozesses beeinträchtigen:

(1) Für die Führung eines Krankenhauses besteht im Gegensatz zu erwerbswirtschaftlichen Unternehmungen kein eigentliches Management. Die Führungsaufgaben werden vielmehr auf mehrere, zum Teil nicht ausschließlich mit der Krankenhausführung betraute Personen aufgespalten. Häufig fehlt diesen Entscheidungsträgern die Kenntnis der betriebswirtschaftlichen Zusammenhänge sowie der erforderlichen Führungstechniken. Das gilt insbesondere für die Mitglieder der externen Entscheidungsgremien. Zudem fehlt insbesondere den externen Ent-

scheidungsgremien der medizinische Sachverstand, um medizinische Forderungen kritisch beurteilen zu können.

Die spezielle Art der Kompetenzaufteilung im Organisationsmodell der Krankenhäuser und die Besetzung der Gremien birgt aus folgenden Gründen die Gefahr unzureichender ökonomischer Effektivität in sich:

(a) Die Betriebsleitung, die als einziger Personenkreis aller Führungsorgane ständig mit der Leitung des Krankenhauses betraut ist und die Zusammenhänge am besten kennt, besitzt keine oder sehr schwach ausgebildete Kompetenzen. Die Betriebsleitung ist vielmehr völlig oder weitgehend von den externen Gremien abhängig. Diese Abhängigkeit hemmt die Initiativkraft und wirkt einer Motivation zu höherer Wirtschaftlichkeit entgegen. Die Abhängigkeit der Betriebsleitungen fördert vielmehr bürokratisches Verhalten.

(b) Insbesondere bei kommunalen Krankenhäusern besteht die Gefahr, daß Gemeindevertretungen in das Krankenhaus hineinregieren und die Politik des Krankenhauses mehr auf parteipolitische Interessen als auf medizinische und wirtschaftliche Notwendigkeiten ausrichten.

(c) Die Übertragung aller oder der wesentlichsten Entscheidungskompetenzen auf externe Gremien führt in Verbindung mit der Besetzung dieser Stellen dazu, daß die medizinischen Aspekte und Argumente ungeprüft die Entscheidungsprozesse dominieren und zu einer Unterdrückung der wirtschaftlichen Aspekte der Führung beitragen.

Die gegenwärtige Organisationsstruktur der Krankenhäuser begünstigt durch die Kompetenzverteilung, daß Intentionen und Wünsche der Ärzte in den externen Entscheidungsgremien das Übergewicht gewinnen, ohne daß hinreichend die medizinischen Notwendigkeiten und die ökonomischen Konsequenzen geprüft werden. Den externen Entscheidungsgremien fehlt z. B. zu häufig die medizinische und ökonomische Qualifikation, um Investitionsvorhaben zu prüfen. Die Investitionsvorhaben werden daher häufig allein nach dem Kriterium beurteilt, ob die erforderlichen Finanzierungsmittel vorhanden sind oder beschafft werden können. Es besteht dann allzu leicht die Gefahr, den Investitionswünschen nachzugeben, um sich nicht dem Vorwurf auszusetzen, gegen die Interessen der Gesundheitsvorsorge zu verstoßen.

Um diesen Gefahren entgegenzuwirken, sollte für die Leitung der Krankenhäuser ein von der Trägerorganisation getrenntes Management mit Entscheidungskompetenzen über die Investitions- und Finanzierungspolitik die Personalsowie Tarifpolitik usw. geschaffen werden. Dem Management sollten weitgehende Kompetenzen für eine eigenverantwortliche Führung des Krankenhauses übertragen werden, d. h., das Management sollte nicht weisungsgebundener Teil der Trägerorganisation sein.

Der Krankenhausträger sollte ein spezielles, mit Führungskräften besetztes Kontrollgremium bilden, das sich im wesentlichen mit der Ausübung der Aufgaben begnügt, die in einer Aktiengesellschaft durch den Aufsichtsrat und die Hauptversammlung wahrgenommen werden.

Der Träger hätte mit Hilfe dieses Kontrollgremiums dann insbesondere die folgenden Aufgaben allein oder zum Teil im Einvernehmen mit dem Management des Krankenhauses auszuüben:

(a) Formulierung von Zielen und Aufgaben der Krankenhausführung
(b) Genehmigung folgeschwerer Investitions- und Finanzierungsmaßnahmen
(c) Bestellung des Krankenhausmanagements sowie der Chefärzte
(d) Gestaltung der Organisationsstruktur des Krankenhauses
(e) Jährliche Entlastung des Managements und Kontrolle der Geschäftsführung

Die Grundzüge einer Änderung der Strukturorganisation des Krankenhauses müßten mithin in einer Verselbständigung der Krankenhausführung und zusätzlich in der Institutionalisierung der Koordination aller Führungsbereiche des Krankenhauses durch das Management gesehen werden.

(2) Das derzeitig dominierende Organisationsmodell der Krankenhäuser sieht entweder keine oder eine unvollständige, nicht überschneidungsfreie Kompetenzverteilung innerhalb der Betriebsleitung vor. Diese Unzulänglichkeiten der Kompetenzregelungen tragen mit zu einer Stärkung der faktischen Machtpositionen der leitenden Krankenhausärzte bei.

Hinter der unzulänglichen Kompetenzregelung verbirgt sich ein grundsätzliches Problem der Krankenhausführung, das in der wechselseitigen Beeinflussung der Funktionsbereiche Medizin, Pflege und Verwaltung besteht. Anordnungen des Mediziners haben immer neben medizinischen Konsequenzen auch Auswirkungen auf den Verwaltungs- und Wirtschaftsbereich. Aus diesem Grunde wäre es z. B. unzweckmäßig, dem Verwaltungsleiter die Verantwortung für die laufenden Geschäfte allein zu übertragen. Diese Verantwortung kann er gar nicht übernehmen, da sich Entscheidungen Dritter auf seinen Verantwortungsbereich auswirken würden. Eine Kompetenzregelung derart, daß die Ärzte für den medizinischen, der Verwaltungsleiter aber für den wirtschaftlichen Bereich zuständig und verantwortlich ist, kann wegen Entscheidungsinterdependenzen nicht funktionieren.

Die Lösung dieses Problems kann nicht darin bestehen, den Verwaltungsleitern wie in den kommunalen Regiebetrieben nur Durchführungskompetenzen, nicht aber die Verantwortung für die laufende Geschäftsführung mit zu übertragen. Notwendige Folge eines Konzepts, das die Verwaltungsleiter nicht mit Entscheidungskompetenzen ausstattet, wäre die Unterdrückung ökonomischer Gesichtspunkte bei medizinischen Entscheidungen, d. h., ein derartiges Organisationsprinzip würde die Alleinherrschaft medizinischer Zielvorstellungen im Krankenhaus zementieren.

Eine sinnvolle Kombination medizinischer und wirtschaftlicher Zielsetzungen im Krankenhaus dürfte nur dann erreichbar sein, wenn ein Management aus Ökonomen und Medizinern gebildet wird, das gemeinsam für die Geschäftsführung verantwortlich zeichnet. Dieses Organisationsprinzip hat den Vorteil, daß der Arzt medizinische Anordnungen nicht allein nach medizinischen Vorstellungen treffen kann, sondern einen Ausgleich zwischen medizinischen und wirtschaftlichen Notwendigkeiten anstreben muß. Das gleiche gilt für die übrigen Gruppen des Managements.

(3) Weder für die internen noch für die externen Führungsstellen stehen in der derzeitigen Organisation des Krankenhauses Spezialisten in Stabsabteilungen für eine befriedigende Informationsverarbeitung und für die Analyse betriebswirtschaftlicher Probleme der Krankenhausführung zur Verfügung. Es dürfte mit eine Folge dieses Zustandes sein, daß sich das Informations- und Planungswesen im Krankenhaus heute im allgemeinen in einem beklagenswerten Zustand befindet.

(4) Insbesondere in kommunalen Krankenhäusern ist das Rechnungswesen, bedingt durch die Integration des Krankenhaushaushaltes in den Haushalt der Kommune, so schlecht ausgebaut, daß diesem Rechnungswesen keinerlei Führungsinformationen entnommen werden können. Eine verbesserte Krankenhausführung hat einen betriebswirtschaftlich sinnvollen Aufbau des Rechnungswesens und eine Ausgliederung des Haushaltes der Krankenhäuser aus dem Budget der Kommune zur Voraussetzung. Nur so ist es möglich, die ökonomischen Konsequenzen der zu treffenden Entscheidungen hinreichend vorherzubestimmen. Eine Trennung des Rechnungswesens der Krankenhäuser und der Kommunen hat ihrerseits jedoch eine organisatorische Ausgliederung des Krankenhauses aus den kommunalen Ämtern zur Voraussetzung.

(5) Der Führungsstil in den Krankenhäusern ist in der Regel zu schwerfällig, bürokratisch und autoritär. Bedingt durch diesen Führungsstil fällt es schwer, die Mitarbeiter zu wirtschaftlichem Verhalten und zur Entwicklung von Initiative zu motivieren. Die Ursachen dieses, in einer demokratischen Gesellschaft überholten Führungsstils sind dabei in der unzweckmäßigen Strukturorganisation, aber auch in überlebten Verhaltensmustern der Organisationsteilnehmer zu suchen.

d) Verbesserung des Informations- und Planungswesens

Kommunale Krankenhäuser in der Form von Regiebetrieben verfügen durch die Integration in den Haushalt der Kommune weder über eine kaufmännische Buchführung, noch über eine Kosten- und Leistungsrechnung. Für Krankenhäuser, die nach den Vorschriften über Eigenbetriebe geführt werden, bzw. für freigemeinnützige Krankenhäuser sind diese Mängel in der Regel zumindest zum Teil beseitigt, da sie über eine kaufmännische Ausgaben- und Einnahmenrechnung, eine Aufwand- und Ertragsrechnung sowie über eine Vermögensrechnung verfügen. Für eine zielsetzungsgerechte Führung des Krankenhauses reichen diese Rechnungen jedoch nicht aus, da sie lediglich vergangenheits-, nicht aber zukunftsorientiert sind.

Die vergangenheitsorientierten Rechnungen müssen z. B. um ein Kostenrechnungssystem ergänzt werden, das die Analyse der Kostenänderungen aufgrund bestimmter Entscheidungen gestattet. Das zu diesem Zweck geeignete Kostenrechnungssystem kann nicht die Vollkostenrechnung, sondern nur ein System der Grenzplankostenrechnung sein.

Das in einigen Krankenhäusern praktizierte Vollkostensystem ist für Entscheidungszwecke unrettbar falsch, da die Kosten nicht auf die kostenverursachenden Faktoren, sondern auf willkürliche Verrechnungsgrößen (z. B. den Pflegetag) bezogen werden. Die Vollkostenrechnung genügt daher nicht dem Verursachungsprinzip und muß folglich in der Entscheidungsrechnung zu falschen oder unkontrollierbaren Ergebnissen führen. Die Tendenz zu Fehlentscheidungen steigt dabei mit dem Anteil der Kosten, für die Verrechnungsgrößen und kostenverursachende Größen nicht übereinstimmen. Die Gefahr von Fehlentscheidungen ist aufgrund der Kostenstruktur des Krankenhauses besonders groß, wenn die Kostenwerte der Vollkostenrechnung Grundlage für Dispositionen sind.

Die Vollkostenrechnung der Krankenhäuser sieht in der Regel eine Verrechnung der anfallenden Kosten auf die geleisteten Pflegetage vor. Die Pflegetage sind somit die Bezugs- oder Verrechnungsgrößen der Kosten. Die errechneten Kostensätze pro Pflegetag besagen nun aber nicht, daß die Kosten des Betriebes sich um diesen Betrag verändern, wenn ein Pflegetag mehr oder weniger geleistet wird. Der Grund dafür ist darin zu sehen, daß die Pflegetage nur für einen Teil der Kosten – knapp 8 % der Gesamtkosten –, z. B. die reinen Verpflegungskosten, die kostenverursachenden Größen darstellen. Andere Kosten, z. B. Teile der Behandlungskosten und Personalkosten, hängen nicht von den Pflegetagen, sondern von der Patientenzahl oder der Ausstattung der Abteilungen mit Personal usw. ab. Veränderungen der Zahl der Pflegetage wirken bei diesen Kosten weder auf eine Erhöhung noch auf eine Senkung hin. Sie sind vielmehr, bezogen auf die Pflegetage, zumindest in bestimmten Beschäftigungsintervallen fix. Ein entscheidungsorientiertes System der Kostenrechnung muß einer Differenzierung dieser Kosten in fixe und variable Bestandteile in bezug auf bestimmte Bezugsgrößen Rechnung tragen, um die Kostenkonsequenzen der Entscheidungen transparent werden zu lassen. Im Mittelpunkt dieses Verfahrens der Kostenrechnung müssen somit die Entscheidungen als kostenverursachende Faktoren stehen.

Die krankenhausinterne Planung geht heute in der Regel nicht über die Aufstellung eines einjährigen Finanzplanes hinaus. Anstehende Entscheidungen werden kaum auf ihre ökonomischen Konsequenzen hin eingehend und unter Einsatz eines zweckgerechten Instrumentariums analysiert. Soweit Planungen durchgeführt werden, handelt es sich meistens um technische Pläne über die Auslegung von Versorgungssystemen sowie den technischen Ablauf dieser Systeme. Die Analysen bleiben dabei meistens im Vorfeld der Ökonomie stecken. In das Feld der Ökonomie reichen sie nur dann hinein, wenn sich an die Analyse der Auslegung des Systems sowie die Ablaufstudien Bedarfspläne für Produktionsfaktoren (Arbeitskräfte, Maschinen und Material) anschließen. In den seltensten Fällen findet jedoch ein voller Wirtschaftlichkeitsvergleich alternativer Systemvorschläge statt. Soweit diese Rechnungen jedoch in vereinzelten Fällen durchgeführt werden, sind sie nach durchgeführten Erhebungen weitgehend falsch, da sie auf dem Durchschnittskostenprinzip der Vollkostenrechnung aufbauen. Diese Rechnungen lassen nicht die tatsächlich zu erwartenden Kostenänderungen aufgrund der Entscheidungen erkennen und sind aus diesem Grunde für Entscheidungszwecke betriebswirtschaftlich unhaltbar[9].

Ein Ausbau des Rechnungs- und Planungswesens im Krankenhaus ist eine der entscheidendsten Voraussetzungen, wenn es gelingen soll, eine effiziente, auf ökonomische Kriterien ausgerichtete Betriebsführung zu erreichen.

Das Planungswesen der Krankenhäuser läßt sich jedoch erst dann sinnvoll ausbauen, wenn den Krankenhäusern in stärkerem Ausmaß als heute betriebswirtschaftlich geschulte Mitarbeiter zur Verfügung stehen. Da die Stellenpläne der Krankenhäuser nur sehr selten Stellen für derartige Mitarbeiter vorsehen und Mitarbeiter der erforderlichen Qualifikation auch nur in beschränktem Umfang verfügbar sind, dürfte eine grundlegende Verbesserung des Planungswesens kurzfristig nicht erreichbar sein, zumal zunächst die Grundlagen einer Planung in Form eines modernen Rechnungswesens geschaffen werden müssen. Angesichts der steigenden Kosten- und Ausgabenintensität muß die Verbesserung des Planungswesens in Krankenhäusern jedoch mit zu den dringendsten Aufgaben innerhalb einer Reform der Krankenhausführung gerechnet werden.

e) Die Interdependenzen der drei Ursachen unzureichender Effektivität der Krankenhausführung

Die drei skizzierten Mängel der gegenwärtigen Krankenhausführung –

(1) fehlende Zielformulierung und Zielorientierung,
(2) Mängel in der Strukturorganisation,
(3) unzureichendes Planungs- und Informationswesen –

dürfen nicht isoliert voneinander gesehen werden. Vielmehr besteht zwischen allen genannten Bereichen eine enge Verzahnung. Wegen der bestehenden Verflechtungen ist es nicht zweckmäßig, Verbesserungen nur in einem Bereich anzustreben. Der Nutzen derartiger Verbeserungen wäre vergleichsweise gering. So ist es z.B. wenig sinnvoll, ein modernes, leistungsfähiges Kostenrechnungssystem für Krankenhäuser zu schaffen, wenn die verbesserten Informationen aus diesem Kostenrechnungssystem aufgrund der bestehenden Mängel der Strukturorganisation bzw. der Kompetenzverteilung kaum genutzt werden können. Steigende Effizienz der Führung im Krankenhaus ist nur erreichbar, wenn gleichzeitig die Unzulänglichkeiten in allen drei Bereichen abgebaut werden.

---

9) So wurde z. B. wiederholt festgestellt, daß sich die Betriebsleitung zwischen Eigenherstellung und Fremdbezug im Versorgungsbereich aufgrund eines Vergleichs der durchschnittlich anfallenden Kosten der Alternativen entschied, ohne zu beachten, daß z. B. Abschreibungen, Zinsen und Gehälter bei einem teilweisen Abbau der Eigenversorgung nicht abgebaut werden können, wie in der angestellten Rechnung unterstellt wurde. Das Vergleichskriterium ist daher falsch. Es dürfen in den Alternativen nur vermeidbare Kosten bzw. zusätzlich auftretende Kosten miteinander verglichen werden.

Um die Forderung nach einer simultanen Verbesserung in allen drei Bereichen zu unterstreichen, sollen die wesentlichsten Interdependenzen aufgezeigt werden:

(1) Eine Verbesserung im Rechnungswesen hat die Lösung der organisatorischen Probleme zur Voraussetzung. Das wird insbesondere bei Regiebetrieben deutlich, weil der betriebswirtschaftlich unzureichende Ausbau des Rechnungswesens in diesen Betrieben eine Folge der organisatorischen Eingliederung des Krankenhauses in die Kommunalverwaltung ist. Die Verzahnung gilt aber auch für die übrigen Betriebformen des Krankenhauses, da das Rechnungs- und Planungswesen – wie praktische Erfahrungen zeigen – erst dann verbessert wird, wenn die Organisation eine zunehmende Verlagerung von Entscheidungskompetenzen auf die Betriebsleitung der Krankenhäuser vorsieht.

(2) Ein verbessertes Rechnungs- und Planungswesen ist nur sinnvoll, wenn in das Zielsystem des Krankenhauses ökonomische Ziele eingebaut werden, da ein betriebswirtschaftliches Rechnungs- und Planungswesen nur eine Entscheidungshilfe für das Erreichen der ökonomischen, nicht aber der medizinischen oder politischen Ziele ist. Die heute noch weitgehend fehlende ökonomische Zielorientierung der Krankenhäuser dürfte daher mit ein Grund für den derzeit schlechten Ausbaugrad des Rechnungs- und Planungswesens sein.

Ein verbessertes Planungswesen im Krankenhaus ist zudem nur möglich, wenn den Entscheidungsträgern ein klares, operationales Zielsystem zur Beurteilung der einzelnen Handlungsalternativen gegeben wird. Ziele sind mithin Voraussetzung der Planung.

(3) Die zweckmäßigste Form der Organisation des Krankenhauses wird mit davon bestimmt, inwieweit es gelingt, ein Zielsystem abzuleiten. Gelingt es dem Krankenhausträger, ein weitgehend eindeutiges, programmierbares Zielsystem für die Mittelentscheidungen aufzustellen, so kann er fast alle Mittelentscheidungen an das Krankenhausmanagement delegieren und sich auf die Ausübung von Kontrollfunktionen beschränken, da die Mittelentscheidungen dann durch das Zielsystem eindeutig determiniert sind. Können sich die Organisationsteilnehmer des Trägers aber nur auf eine vage, unvollständige Zielformulierung einigen, so müssen mehr Entscheidungskompetenzen beim Träger bzw. einem besonderen Gremium des Trägers verbleiben. Im Einzelfalle muß der Träger dann die vom Management vorgeschlagenen Handlungsalternativen daraufhin überprüfen, ob sie mit den individuellen Zielen der Organisationsteilnehmer des Trägers bzw. des Gremiums im Einklang stehen. Dieses Verfahren hat jedoch den Nachteil, daß die Ziele nicht eindeutig zutage treten und demzufolge die Rationalität der Mittelentscheidungen nicht überprüft werden kann.

Da eine zweckmäßige Organisationsform der Krankenhausleitung mit davon abhängig ist, welchen Grad an Exaktheit das vorzugebende Zielsystem erreicht, ist der weitere Aufbau der Arbeit so gestaltet, daß zunächst ein aus der Kollektivorientierung des Krankenhauses abgeleitetes Zielsystem eingehender beschrieben wird, ehe auf die organisatorische Gestaltung des Entscheidungsfeldes der Krankenhäuser näher eingegangen wird.

II. *Das Zielsystem der Krankenhäuser*

a) Die Bedeutung des Zielsystems für die Unternehmensführung

Rationales Handeln besteht darin, mögliche Handlungsalternativen mit dem Nutzen, den sie stiften, zu bewerten und durch einen Vergleich des Nutzens die günstigste Alternative auszuwählen. Was im einzelnen Entscheidungsprozeß unter Nutzen zu verstehen ist, läßt sich nicht allgemeingültig sagen. Nutzen ist vielmehr ein psychologischer, von Individuum zu Individuum verschieden zu interpretierender Begriff. Der Wert oder Nutzen einer Handlungsalternative ist somit keine der Handlungsalternative inhärente Eigenschaft, d. h., der Wert ist nicht objektiv. Der Wert entsteht vielmehr erst, wenn ein Subjekt seine Nutzenvorstellungen in die Handlungsalternative hineinprojiziert. Eine derartige, auf rein subjektiven Merkmalen basierende Wertung der Handlungsalternativen ist einer wissenschaftlich analytischen Betrachtung nicht zugänglich, da sich die Wertfindung einer objektiven Nachprüfbarkeit entzieht. Eine Nachprüfung subjektiver Werte scheitert, da alle individuellen, den Wert beeinflussenden Faktoren zu einem einheitlichen Wertungskomplex zusammengefaßt werden.

Eine wissenschaftliche Erörterung des Wertungsproblems von Handlungsalternativen ist nur dann möglich, wenn die Wertfindung „objektiviert" wird, d. h., wenn sie interpersonell nachprüfbar gestaltet wird. Interpersonell nachprüfbar ist eine Wertung, wenn der Wertungskomplex in zwei Teilwertungen zerlegt wird,

(1) in einen *primären Wertungsvorgang*, der zur Quantifizierung der individuellen Nutzenfunktion führen muß und an dessen Ende das Zielsystem für das Handeln steht (Zielentscheidungen) und

(2) in einen *sekundären Wertungsvorgang*, bei dem die einzelnen Handlungsalternativen unter der gegebenen subjektiven Zielsetzung bewertet und miteinander verglichen werden (Mittelentscheidungen).

Die sekundäre Wertung ist dann durch den vorgegebenen primären Wertungsvorgang objektiv nachprüfbar, d. h. die Rationalität des Handelns ist kontrollierbar. Durch den primären Wertungsvorgang (Zielbildungsprozeß) sind die Mittelentscheidungen (Wahl der günstigsten Handlungsalternative) eindeutig determiniert, sofern das Zielsystem selbst eindeutig, d. h. widerspruchsfrei ist. Mit der Zielsetzung werden somit die Entscheidungsprozesse im Bereich der Mittelentscheidungen gesteuert.

Die Aufstellung eines autorisierten Zielsystems für Krankenhäuser bringt, wie für jeden anderen Betrieb, für die Mittelentscheidungen zwei Vorteile:

(1) Nur auf diesem Wege ist ein nachprüfbar rationales Handeln möglich, d. h., die Zielsetzung ist Voraussetzung einer wissenschaftlichen Betriebsführung.

(2) Die Existenz eines widerspruchsfreien Zielsystems macht es möglich, Mittelentscheidungen zu delegieren. Die obersten Führungsorgane einer Organisation können sich daher aus dem Prozeß der Mittelentscheidungen zurückziehen und organisatorisch nachgeordneten Entscheidungsträgern mehr selbständiges, eigenverantwortliches Handeln übertragen, wenn es gelingt, ein widerspruchsfreies Zielsystem aufzustellen.

Für den Bereich des Krankenhauses würde der zweite Aspekt konkret bedeuten, daß der Betriebsleitung des Krankenhauses Entscheidungskompetenzen übertragen werden könnten, die heute in der Regel beim Träger liegen, wenn es dem Träger gelingt, eine eindeutige widerspruchsfreie Zielsetzung abzuleiten. Eine Erhöhung der organisatorischen Selbständigkeit der Betriebsleitung ist somit maßgeblich davon abhängig, ob der Träger gewillt und in der Lage ist, ein eindeutiges Zielsystem zu entwickeln. Der Einfluß des Trägers auf die Mittelentscheidungen wäre dann voll garantiert, wenn sich der Träger auf den Zielbildungsprozeß beschränkt. Der organisatorische Aufbau des Krankenhauses, d. h. die Verteilung der Kompetenzen im Bereich der Mittelentscheidungen, hängt damit – und das gilt wiederum für alle Betriebsorganisationen – entscheidend davon ab, ob sich die Führungsorgane auf eine eindeutige Zielsetzung einigen können und wollen.

b) Möglichkeiten und Grenzen für die Ableitung eines eindeutigen Zielsystems in Krankenhäusern

Ob es dem Träger eines Krankenhauses gelingt, ein eindeutiges, widerspruchsfreies Zielsystem für die Krankenhausführung aufzustellen, ist ganz entscheidend davon abhängig, auf welchen Teil der Mittelentscheidungen diese Zielsetzung Anwendung finden soll.

Die Mittelentscheidungen werden im allgemeinen in zwei Bereiche untergliedert:

(1) *strategische Entscheidungen,* die die Geschicke des Krankenhauses nachhaltig und langfristig beeinflussen. Zu diesen Entscheidungen zählen im Krankenhaus z. B. große Investitions- und Finanzierungsvorhaben, strukturorganisatorische Entscheidungen und die Personalpolitik für die leitenden Stellen im Krankenhaus.

(2) *taktische Entscheidungen,* die die strategischen Entscheidungen ergänzen und konkretisieren. Ihr Einfluß auf die Geschäftspolitik ist geringer als der strategischer Entscheidungen. Zum Bereich taktischer Entscheidungen im Krankenhaus gehören z. B. die Beschaffungsdispositionen für Verbrauchsmaterialien, die Personalpolitik für Arbeitskräfte mit überwiegend ausführender Tätigkeit, kleinere Investitions- und Reparaturvorhaben, Ablaufplanungen für Versorgungssysteme usw.

Für den Bereich der strategischen Mittelentscheidungen gibt es im Krankenhaus – das gilt im übrigen auch für fast alle erwerbswirtschaftlich geführten Betriebe – bislang kaum Hinweise darauf, daß tatsächlich ein Zielentscheidungsprozeß stattfindet. Zumindest gibt es gegenwärtig nirgends ein autorisiertes, widerspruchsfreies, vollständiges Zielsystem für den Bereich strategischer Entscheidungen. Als Ergebnis einer Vielzahl von Gesprächen mit den Entscheidungsträgern im Krankenhaus ist festzustellen, daß die an den strategischen Entscheidungen Beteiligten keinen Versuch unternehmen, sich zuerst auf Ziele zu einigen, die der Bewertung der einzelnen Handlungsalternative zugrunde gelegt werden sollen. Es gibt bislang keinen Zielentscheidungsprozeß im strategischen Bereich, durch den die heterogenen Zielvorstellungen der Organisationsteilnehmer der Krankenhausträger zum Ausgleich gebracht werden. Die Beteiligten bewerten die Alternativen vielmehr jeweils aus der Sicht individueller Ziele. Zu einer Entscheidung über die Handlungsalternativen kommt es dann durch Kompromisse, die im Einzelfalle auszuhandeln sind, durch Manipulation von Teilnehmern am Entscheidungsprozeß oder durch Ausspielen von Machtpositionen.

Soweit für den strategischen Entscheidungsbereich „Ziele" formuliert werden, handelt es sich um ein Bündel weitgehend zusammenhangloser, widersprüchlicher und zudem vage formulierter Forderungen. Diese Forderungen werden i. d. R. zu unterschiedlichen Zeitpunkten erhoben und fügen sich nicht zu einem widerspruchsfreien Ganzen zusammen. Meistens werden derartige Ziele erst dann postuliert, wenn die strategischen Entscheidungen bereits gefallen sind. Diese Ziele haben dann nur noch die Aufgabe, für die taktischen Entscheidungen als Richtschnur für die Ausführung und Konkretisierung der globalen strategischen Maßnahmen zu dienen.

Die Tatsache, daß für den Bereich strategischer Entscheidungen im Krankenhaus kein oder nur ein sehr vage formuliertes, unvollkommenes Zielsystem existiert, hat zwei recht einfach zu erklärende Gründe:

(1) Einigen sich die Entscheidungsträger für den strategischen Bereich nur auf vage formulierte Ziele, so ist diese Unvollkommenheit des Zielsystems i. d. R. nicht auf Unvermögen oder Nachlässigkeit zurückzuführen; vielmehr ist die Unbestimmtheit nicht selten Absicht. Die Unbestimmtheit der Ziele ist ein typisches Merkmal, wenn sich Organisationsteilnehmer im Verlauf eines politischen Verhandlungsprozesses auf eine „Kompromißformel" einigen. Kompromißformeln sind i. d. R. auslegungsbedürftig. Je vager und allgemeiner eine derartige Kompromißformel gehalten ist, desto eher gelingt es, für diese Formel Zustimmung bei widerstreitenden Organisationsteilnehmern zu finden. Die Zustimmung zu einer Kompromißformel erfolgt nicht selten mit der Erwartung, die autorisierten Ziele im eigenen Sinne auslegen zu können[1]. Vage gehaltene Kompromißformeln lösen daher in aller Regel einen bestehenden Interessenkonflikt nicht; vielmehr findet über eine Quasi-Lösung nur eine Vertagung des Problems statt.

---

1) Vgl. z. B. Kirsch, W., Entscheidungsprozesse, 3. Bd., Entscheidungen in Organisationen, Wiesbaden 1971, S. 151 ff.

3*

(2) Würden sich die Organisationsteilnehmer für den Bereich der strategischen Entscheidungen auf eine eindeutige Zielsetzung einigen, so haben die unter dieser Zielsetzung zu treffenden Mittelentscheidungen in der Regel einen Einfluß auf die Machtverteilung innerhalb der Organisation. Kommt es z. B. unter einer bestimmten Zielsetzung dazu, mehr Ökonomen in die Organisation des Krankenhausträgers aufzunehmen, so beeinflußt die Zielsetzung über die Mittelentscheidung die Machtverhältnisse. In der Regel führt eine derartige Machtveränderung dann wiederum zur Veränderung der Ziele, da das Resultat des Zielbildungsprozesses von den Machtverhältnissen abhängig ist. Die Rückwirkungen der unter einer bestimmten Zielsetzung getroffenen strategischen Mittelentscheidungen auf die Machtverteilung innerhalb der Organisation können von den Organisationsteilnehmern in aller Regel vorausgesehen werden. Sie werden es dann – wie praktische Erfahrungen immer wieder bestätigen – vorziehen, unmittelbar über die zu treffenden strategischen Mittelentscheidungen zu diskutieren, ohne sich zuvor über gemeinsame Ziele zu einigen. Politische Verhandlungsprozesse zeigen immer wieder, daß es geradezu unklug ist, für bestimmte Mittelentscheidungen zuerst gemeinsame Ziele der Verhandlungspartner festlegen zu wollen. In der Regel kommt es dann zu keiner Mittelentscheidung mehr, weil man sich über die Ziele nicht einig werden kann.

Die Bereitschaft der Organisationsteilnehmer zur Einigung auf ein Zielsystem für eine Organisation ist in der Regel gering, wenn der Einfluß einer Mittelentscheidung auf die Machtverteilung groß ist. Man muß aus diesem Grunde leider feststellen, daß einem Zielsystem für strategische Entscheidungen in der Praxis eine recht untergeordnete Bedeutung zukommt. Die Folge dieser Tatsache ist, daß sich die Träger von Krankenhäusern nicht bereitfinden werden, die Verantwortung für strategische Entscheidungen auf ein eigenverantwortliches Management zu übertragen. Die strategischen Führungsentscheidungen werden wegen des Fehlens dieser Zielsetzung folglich mehr durch Gefühl und Machtpositionen denn durch rationales Kalkül entschieden.

Bei realistischer Beurteilung des organisatorischen Gestaltungsspielraumes für die Krankenhausführung ist in absehbarer Zeit nicht zu erwarten, daß die Krankenhausträger die strategischen, d. h. die echten Führungsentscheidungen an ein Krankenhausmanagement delegieren werden, da die Bereitschaft zur Zielformulierung noch fehlt. Zu erwarten ist allenfalls eine Delegation der taktischen Entscheidungen und die Einräumung von Mitwirkungs-, insbesondere Vorschlagsrechten bei strategischen Entscheidungen. Auf diese bestehenden Begrenzungen des organisatorischen Gestaltungsspielraums ist bei dem im Abschnitt III vorzustellenden, möglichen Organisationsmodell für Krankenhäuser Rücksicht genommen. In diesem Organisationsmodell ist dann zumindest für den Bereich strategischer Maßnahmen kaum eine wissenschaftliche Betriebsführung möglich, d. h., in diesem Bereich sind der Rationalität des Handelns enge Grenzen gesetzt. Es kann somit bei einer Verbesserung der Führung im Krankenhaus zunächst hauptsächlich nur darum gehen, die Effizienz der Mittelentscheidungen im taktischen Bereich zu erhöhen. Das aber kann nur gelingen, wenn die Träger für diese Mittelentscheidungen eine operationale Zielsetzung erarbeiten.

Langfristig muß für eine Verbesserung des Managements in Krankenhäusern jedoch auch eine Erhöhung der Rationalität der strategischen Mittelentscheidungen angestrebt werden. Um das zu erreichen, bedarf es jedoch intensiver Schulung und Aufklärung der Organisationsteilnehmer der Krankenhausträger, um ihnen zu verdeutlichen, daß machtpolitische Interessen die Effektivität der Krankenhausführung im medizinischen wie im wirtschaftlichen Sinne beeinträchtigen.

Die Erarbeitung eines Zielsystems für die taktischen Maßnahmen im Krankenhaus als Voraussetzung zur Delegation dieser Mittelentscheidungen scheint dringend geboten, da die Ausübung dieser Entscheidungen die Organisation des Krankenhausträgers viel zu stark belasten und die Organisationsmitglieder des Trägers in der Regel auch nicht über die Fähigkeiten zu einer sachgerechten Ausübung dieser Entscheidungen verfügen. Wegen der geringen Auswirkungen taktischer Entscheidungen auf die Machtverhältnisse in der Trägerorganisation dürften der Ausarbeitung eines Zielsystems für diesen Bereich auch keine unüberwindlichen psychologischen Hindernisse entgegenstehen.

Im folgenden sollen die möglichen Elemente eines Zielsystems für strategische und taktische Mittelentscheidungen und die Beziehungen zwischen diesen Elementen aufgezeigt werden. Mit der Kenntnis dieser Elemente existiert jedoch noch kein Zielsystem, da es dazu einer Gewichtung dieser Elemente bedarf. Diese Gewichtung ist abhängig von der Zusammensetzung des Gremiums sowie der Machtverteilung innerhalb des Gremiums, das für den Zielbildungsprozeß zuständig ist.

c) Die Elemente des Zielsystems der Krankenhäuser

1. Die quantitativ optimale Versorgung mit Krankenhausleistungen (Sachziele)

Krankenhäuser sind ihrer Zwecksetzung entsprechend Einrichtungen, in denen ausschließlich Kranke untergebracht und verpflegt werden und in denen durch ärztliche und pflegerische Hilfeleistungen angestrebt wird, Krankheiten, Leiden oder Körperschäden festzustellen, zu heilen oder zu lindern[2]. Aus dieser kollektiv ausgerichteten Zwecksetzung der Krankenhäuser leiten sich die optimale Versorgung mit Krankenhausleistungen und das Wirtschaftlichkeitsprinzip als Elemente des Zielsystems ab.

Als erstes und wichtigstes Element des Zielsystems wird im allgemeinen das Streben nach optimaler Deckung des Bedarfs an Krankenhausleistungen bezeichnet. Mit „optimaler Deckung des Bedarfs" ist dieses Element des Zielsystems jedoch so ungenau definiert, daß sich aus diesem „Ziel" keine eindeutigen Handlungsprogramme durch die Krankenhausführung ableiten lassen. Das ist erst dann möglich, wenn dieses Element der Zielsetzung genauer definiert wird. Zur Konkretisierung des Begriffs „optimale Bedarfsdeckung" erscheint es zweckmäßig, ihn in zwei Unterbe-

---

[2] Mit zur Zwecksetzung des Krankenhauses gehört auch die Geburtshilfe.

griffe zu zerlegen, und zwar in die quantitativ optimale sowie die qualitativ optimale Bedarfsdeckung.

Quantitativ optimale Versorgung mit Krankenhausleistungen bedeutet, daß die Krankenhäuser eines Gebietes zusammen nach Art und Menge die Leistungen vorhalten sollen, die zur Deckung des Bedarfes erforderlich sind. Aus der quantitativ optimalen Bedarfsdeckung folgt mithin, daß in einem Gebiet eine bestimmte Anzahl von Krankenhausbetten, ärztlichen sowie pflegerischen Leistungen anzubieten sind. Die so verstandene quantitativ optimale Versorgung bezieht sich somit nicht auf ein einzelnes Krankenhaus, sondern auf alle Krankenhäuser eines Gebietes. Mithin kann die „optimale Deckung des quantitativen Bedarfs" nicht in dieser Form in das Zielsystem einzelner Krankenhäuser eingehen. Vielmehr handelt es sich hierbei um eine Maxime für die Kapazitätsplanung eines ganzen Krankenhaussystems.

Selbst für ein Krankenhaussystem ist die Maxime „quantitativ optimale Versorgung" noch zu unbestimmt, da der Begriff „optimal" völlig offen ist. Der Begriff „optimal" soll wohl zum Ausdruck bringen, daß Angebot und Nachfrage gut aufeinander abgestimmt werden sollen. Was aber heißt „gute Abstimmung", wenn die Nachfrage nach Krankenhausleistungen vom Zufall abhängig ist, wenn also stochastische Nachfrageverhältnisse vorliegen. Bei stochastischer Nachfrage ist es nicht möglich, anzugeben, wie hoch die Nachfrage nach bestimmten Leistungen zu bestimmten Zeitpunkten oder in bestimmten Zeitabschnitten sein wird; vielmehr läßt sich aufgrund statistischer Beobachtungen nur eine Wahrscheinlichkeitsverteilung der Nachfrage ableiten, d. h., über den künftigen Bedarf nach Krankenhausleistungen können nur mit Unsicherheit behaftete Prognosen gemacht werden. Konkret bedeutet das z. B., daß man nicht in der Lage ist, die Zahl der künftigen Blinddarmoperationen, die Zahl der Patienten mit Infektionskrankheiten pro Monat usw. anzu-

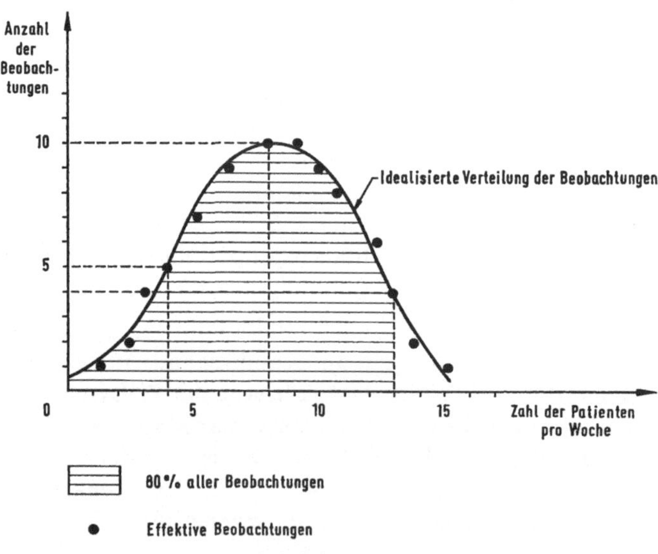

Abbildung 1

geben. Bekannt ist aus den Beobachtungen der Vergangenheit nur, daß die Nachfrage nach derartigen Leistungen z. B. die in Abbildung 1 gezeigten Schwankungen aufweist.

Diese Abbildung ist wie folgt zu interpretieren. In einer Statistik ist der wöchentliche Anfall von Patienten festgehalten worden, die in Stationen ganz bestimmter Art behandelt werden können. Z. B. sind in fünf Beobachtungswochen jeweils 4 Patienten aufgetreten, die in der HNO-Abteilung der Krankenhäuser behandelt werden konnten, während in weiteren 4 Beobachtungswochen 13 Patienten für diese Fachabteilung anfielen.

Die statistische Erhebung zeigt, daß der Anfall an Patienten pro Woche für die HNO-Abteilungen erhebliche, zufällige Schwankungen aufweist. Müssen diese Patienten im Schnitt 11 Tage (ca. 1,6 Wochen) im Krankenhaus verbleiben, so stellt sich die Frage, was denn nun eigentlich unter einer optimalen Abstimmung des Bettenangebotes in den HNO-Abteilungen und der Nachfrage zu verstehen ist. Soll z. B. bei der Bettenplanung von einer durchschnittlichen Ankunftsrate von 8 Patienten pro Woche ausgegangen werden, was bei einer durchschnittlichen Verweildauer von 1,6 Wochen einem Bettenangebot von ca. 13 Betten[3] entspricht, oder muß das Bettenangebot auf den Spitzenbedarf von 15 Patienten ausgelegt und müssen folglich 24 Betten angeboten werden?

Erfolgt die Bettenplanung auf der Basis der Durchschnittswerte für den Bedarf und die Verweildauer, so reichen die verfügbaren Betten in 50 % aller Fälle zur rechtzeitigen Deckung des Bedarfes aus, während in den übrigen 50 % die Patienten nicht rechtzeitig, d. h. unmittelbar nach Auftreten des Bedarfs behandelt werden können oder nur in Notbetten unterzubringen sind. Wird die Bettenplanung allerdings auf den Spitzenbedarf ausgelegt, so können zwar alle Patienten rechtzeitig – d. h. dann, wenn der Bedarf auftritt – behandelt und ordnungsgemäß untergebracht werden, die HNO-Abteilungen sind im Durchschnitt aber nur zu 50 % ausgelastet, wenn für jeden Patienten effektive und durchschnittliche Verweildauer übereinstimmen. Eine Kapazitätsplanung ist – wie das Beispiel zeigt – nur dann möglich, wenn ein bestimmtes Niveau vorgegeben wird, mit dem die Behandlung und Unterbringung der anfallenden Patienten sichergestellt werden soll. Soll z. B. ein Sicherheitsniveau von 80 % eingehalten werden, d. h., soll in 80 % der Wochen die Kapazität zur Behandlung der in diesen Wochen anfallenden Patienten ausreichen, so muß die Kapazitätsplanung im Beispiel von 13 Patienten pro Woche ausgehen, und es müssen folglich 21 Betten vorgehalten werden, wenn die Verweildauer als deterministische Größe angesehen wird[4] [5].

---

3) 1,6 x 8 = 12,8

4) Tatsächlich ist die Verweildauer keine deterministische Größe, sondern sie ist zufallsabhängig. Damit bestehen für die Kapazitätsplanung mit dem Bedarf und der Beanspruchung der Kapazitäten durch die Patienten zwei stochastische Größen.

5) An dieser Stelle werden die Mängel der analytischen Bettenbedarfsrechnung deutlich. Diese Rechnung geht sowohl hinsichtlich der Krankenhaushäufigkeit als auch hinsichtlich der Verweildauer von Durchschnittswerten aus. Realistische Aussagen über Auslastungsgrade sowie die Anzahl nicht oder nicht rechtzeitig zu behandelnder Patienten ließen sich für ein Krankenhaussystem mit einer bestimmten Kapazitätsausstattung nur durch eine Systemsimulation erzielen.

Wie das sehr grob vereinfachende Beispiel zeigt[6], kann unter optimaler quantitativer Versorgung mit Krankenhausleistungen nur die Einhaltung eines bestimmten vorzugebenden Sicherheitsniveaus, mit dem die Behandlung erfolgen kann, verstanden werden. Die Höhe dieses Sicherheitsniveaus ist dann die Zielgröße für die Kapazitätsplanung.

Für die Wahl der Höhe des Sicherheitsniveaus sind außer politischen und gesundheitsfürsorgerischen Gesichtspunkten nicht zuletzt auch ökonomische Aspekte bestimmend. Ökonomisch determiniert ist die Wahl der Höhe des Sicherheitsniveaus, da der Auslastungsgrad der Kapazitäten, die Höhe der Investitionen und der Kosten für die Versorgung mit Krankenhausleistungen ganz entscheidend von der Höhe dieses Sicherheitsniveaus abhängen. Bereits das Beispiel hat verdeutlicht, daß die Zahl der Betten steigen muß, wenn das Sicherheitsniveau erhöht wird. Es gilt dem Prinzip nach die in Abbildung 2 dargestellte Beziehung zwischen dem Sicherheitsniveau und den Investitionen, d. h., mit steigendem Sicherheitsniveau steigen die erforderlichen Investitionen und die von der Bettenkapazität abhängigen Kosten überproportional an.

Abbildung 2

Zugleich nimmt der Beschäftigungsgrad der Kapazitäten mit steigendem Sicherheitsniveau ab.

Man wird also bei der Wahl des Sicherheitsniveaus neben politischen sowie medizinischen Aspekten der Gesundheitsfürsorge auch die Frage aufwerfen müssen, ob die Investitionssummen und die Kosten, die damit zusammenhängen, von der gesamten Volkswirtschaft aufgebracht werden können. Die Zahl der Krankenhausbetten pro Kopf der Bevölkerung bzw. das Sicherheitsniveau sollte durch den Grad an Wohl-

---

6) Es wurde hier z. B. von der Möglichkeit abstrahiert, den Behandlungszeitpunkt von Patienten bei nicht akuter Erkrankung zu steuern. Ist die Möglichkeit einer Steuerung des Zeitpunktes der Behandlung gegeben, so ist der Zeitpunkt der Behandlung eines Patienten und des Kapazitätsbedarfs nicht mehr allein vom Zufall abhängig. Patienten, deren Behandlungszeitpunkt gesteuert werden kann, lassen sich in einem Simulationsmodell zur Kapazitätsplanung durch eine spezielle Warteschlange erfassen, aus denen die Wartenden mit Hilfe von Prioritätsziffern abgerufen werden.

stand in einer Volkswirtschaft entscheidend mitbestimmt werden, d. h., in reicheren Volkswirtschaften sollte das Sicherheitsniveau größer als in ärmeren Volkswirtschaften sein.

Die Wahl des Sicherheitsniveaus wird dabei aus Gründen der Gesundheitsfürsorge in jedem Fall so erfolgen müssen, daß die Wahrscheinlichkeit dafür, daß akut Kranke rechtzeitig ein Krankenhausbett erhalten, immer wesentlich höher als 50 % ist. Daraus folgt dann aber, daß die Bettenkapazitätsplanung im Krankenhaus immer Reservekapazitäten vorsehen muß. Anders formuliert darf die Kapazitätsplanung nicht von einer langfristigen Vollauslastung ausgehen, um auch einen auftretenden Spitzenbedarf auffangen zu können[7].

Die quantitativ optimale Versorgung eines Gebietes mit Krankenhausleistungen ist zwar keine Maxime für die Führung eines einzelnen Krankenhauses; dennoch schlägt diese Maxime auf das Zielsystem der einzelnen Krankenhäuser durch. Die Maxime optimaler Versorgung eines Gebietes ist mitbestimmend für die Wahl des Aktionsfeldes – Sachzieles – sowie der Betriebsgröße der einzelnen Krankenhäuser. Durch die Wahl des Sachzieles oder Aktionsfeldes eines Krankenhauses ist die „Behandlungstiefe" und die Zusammensetzung sowie die Anzahl der anzubietenden Fachab·teilungen (Versorgungsstufe) festzulegen. Unter diesen beiden Teilkomplexen des Sachzieles ist folgendes zu verstehen:

(1) Der Dienst am Kranken erstreckt sich in einem Krankenhaus maximal auf 5 Phasen (Forschung, Diagnose, Therapie, Isolation und Pflege). Die Forschung zur Verbesserung der Diagnose und der Therapie kommt dabei keinem einzelnen Patienten, sondern allen Patienten mit bestimmten Krankheitsbildern gemeinsam zugute, während sich die übrigen Phasen der Behandlung auf den einzelnen Patienten beziehen. Bei der Wahl des Sachzieles eines Krankenhauses ist festzulegen, auf welche dieser 5 Phasen sich das Betätigungsfeld der Krankenhäuser erstrecken soll. Es muß also die Produktions- oder Behandlungstiefe sowie die Intensität der einzelnen Phasen der Behandlung festgelegt werden.

Die Wahl der Phasen und deren Intensität hat dabei entscheidenden Einfluß auf die Kostensituation, den Finanzbedarf für die apparative Ausstattung sowie den Personalbedarf des einzelnen Krankenhauses. Einige Beispiele mögen das verdeutlichen: Wird z. B. auf den Aufbau großer Diagnosekapazitäten verzichtet (geringe Diagnoseintensität), da sich das Krankenhaus einem diagnostischen Zentrum angeschlossen hat, sind ein geringerer Finanzbedarf und geringere Kosten die Folge, wenn das diagnostische Zentrum höhere Auslastungsgrade für die medizinischen Apparaturen erreicht, als das beim einzelnen Krankenhaus möglich wäre. Klammert ein Krankenhaus aus seinem Betätigungsfeld die Behandlung reiner „Pflegefälle" aus, so hat das über die Verweildauer einen positiven Einfluß auf die Kosten pro Patient und den Bedarf an Pflegepersonal für das einzelne Kran-

---

7) Da vorzuhaltene Reservekapazitäten Kosten verursachen, muß versucht werden, diese Kapazitäten bei konstantem Sicherheitsniveau der Behandlung möglichst gering zu halten. Das aber kann nur gelingen, wenn die Krankenhäuser verstärkt zur Steuerung des Bedarfs — Terminplanung für den zeitlich nicht akuten Bedarf — übergehen und untereinander bei der Bedarfsdeckung kooperieren, d. h. eine gemeinsame Belegungsplanung durchführen, um Belastungsspitzen ausgleichen zu können.

kenhaus. Beide Beispiele verdeutlichen, in welcher Weise die Sachziele auf die ökonomische Situation eines Krankenhauses Einfluß nehmen können.

(2) Über die Zahl und die Zusammensetzung der anzubietenden Fachabteilungen ist festzulegen, welche Arten von Krankheiten oder Leiden in einem Krankenhaus behandelt werden sollen.

Die Formulierung des Sachzieles eines Krankenhauses und die wegen der Bedarfsorientierung der Krankenhäuser damit eng verbundene Wahl der Betriebsgröße hat unter Berücksichtigung von zwei Aspekten zu erfolgen.

(1) Aus der Sicht des Gesamtsystems von Krankenhäusern eines Versorgungsgebietes müssen das Sachziel eines Krankenhauses sowie die Betriebsgröße eine bestehende Bedarfslücke zum optimalen Versorgungsniveau des Gebietes schließen. Insoweit ist die Wahl des Sachzieles und der Kapazität bedarfsorientiert. Aus der quantitativ optimalen Deckung des Bedarfs an Krankenhausleistungen folgt damit zwingend die Kooperation der Krankenhäuser eines Versorgungsgebietes bei der Kapazitäts- und Sachzielplanung bzw. die Abstimmung dieser Planungen auf einen regionalen Krankenhausplan.

(2) Ein System von Sachzielen sowie die Betriebsgröße eines einzelnen Krankenhauses müssen aus der Sicht der einzelnen Krankenhäuser medizinisch und ökonomisch tragfähig sein. Darunter ist zu verstehen, daß Fachabteilungen in ein Krankenhaus aufgenommen werden sollen, die sich medizinisch ergänzen und bei denen unter Berücksichtigung des noch nicht gedeckten Bedarfes damit zu rechnen ist, daß die geplanten Kapazitäten hinreichend ausgelastet werden können. Um die ökonomisch erforderliche gute Auslastung bestimmter Einrichtungen des Krankenhauses zu erreichen, erscheint wiederum eine Kooperation der Krankenhäuser und eine Abstimmung der Sachziele dringend erforderlich. Nur so kann z. B. einer ökonomisch nicht wünschenswerten Zersplitterung der Bedarfsdeckung in Spezialdisziplinen mit zu kleinen Betriebseinheiten in jedem Krankenhaus erfolgreich begegnet werden.

Die Abhängigkeit der Sachziele des Krankenhauses von der Bedarfssituation und der Definition des quantitativ optimalen Versorgungsniveaus an Krankenhausleistungen in einem Versorgungsgebiet dürfte deutlich machen, daß die Sachziele eines Krankenhauses im Zeitablauf an sich ändernde Bedarfssituationen und Definitionen des Versorgungsniveaus angepaßt werden müssen. Die Sachziele müssen daher, um dem Postulat optimaler Versorgung gerecht zu werden, von Zeit zu Zeit neu überdacht werden.

Das Zielsystem der Krankenhäuser ist hinsichtlich der Sachziele meistens eindeutig und klar definiert und weist insofern keine Mängel auf. Mängel bestehen jedoch hinsichtlich der Abstimmung der Sachziele zwischen den einzelnen Krankenhäusern und der Ausrichtung auf ein überbetrieblich fixiertes Versorgungsniveau. Durch Verstärkung der Kooperation der Krankenhäuser und Koordination der Sachziele läßt sich zweifellos eine wirtschaftlich vorteilhaftere Aufteilung der für eine quantitativ optimale Versorgung zu erbringenden Leistungen auf die einzelnen Krankenhäuser eines Gebietes erzielen, als das heute der Fall ist. Das Kooperationserfordernis gilt insbesondere auch für die zeitliche Anpassung der Sachziele. Eine Koordination der Sachziele setzt aber auch voraus, daß eine überbetriebliche Planung des quantitativen Versorgungsniveaus erfolgt. Die Ansätze zu derartigen Planungen sind gegenwärtig noch sehr zaghaft.

2. Die qualitativ optimale Versorgung mit Krankenhausleistungen (kategoriale Ziele)

Um die im Krankenhaus zu erbringenden medizinischen und pflegerischen Leistungen sowie die Leistungen der Versorgungseinrichtungen eindeutig zu beschreiben, dürfen diese Leistungen nicht nur quantitativ definiert sein; vielmehr ist auch die Qualität der Leistungen genau festzulegen. Die Qualitätsnormen, denen die im Krankenhaus zu erbringenden Leistungen gerecht werden müssen, fungieren als kategoriale Ziele der Krankenhausführung, d. h., anhand dieser Qualitätsnormen muß entschieden werden, ob ein bestimmtes „Produktionsverfahren" für eine Leistung zulässig ist bzw. den Qualitätsanforderungen genügt. Anhand eines Beispieles soll diese Aufgabe der Qualitätsnormen als kategoriale Ziele der Unternehmensleitung demonstriert werden. Als Qualitätsnorm im Bereich der Essensversorgung möge festgelegt worden sein, daß der Patient täglich aus mindestens 4 verschiedenen Menüvorschlägen sein Essen auswählen darf. Ist es nun mit bestimmten Verfahrenstechniken der Essensversorgung unmöglich, diese Qualitätsanforderung zu erfüllen, so scheiden diese Verfahren als mögliche Handlungsalternativen aus, da sie es nicht gestatten, den gewünschten Leistungsstandard zu erzielen. Die zu formulierenden Qualitätsanforderungen beschränken damit die Zahl der zulässigen Handlungsalternativen zur Erbringung der Leistungen.

Die Zulässigkeit bestimmter Verfahrenstechniken und Handlungsweisen kann nur überprüft werden, wenn das Qualitätsniveau der Leistungen möglichst eindeutig definiert ist. Die Formulierung der qualitativen Anforderungen muß daher in klar definierten Maßeinheiten erfolgen, die für jedermann eindeutig verständlich sind und keiner individuellen Auslegung bedürfen. So reicht es z. B. nicht aus, zu sagen, es sollen Leistungen mit guter oder durchschnittlicher Qualität erbracht werden. Was unter einer qualitativ guten oder durchschnittlichen Leistung zu verstehen ist, läßt sich nicht objektiv messen. Die Feststellung, eine Leistung ist gut, kommt vielmehr aufgrund eines subjektiven, nicht nachvollziehbaren Werturteils zustande. Eindeutig ist eine Qualitätsnorm jedoch, wenn gesagt wird, daß die Unterbringung der Patienten im ungünstigsten Falle in Drei-Bett-Zimmern zu erfolgen hat oder der Patient täglich zwischen vier verschiedenen Menüs sein Essen auswählen soll.

Der Ableitung eindeutiger Qualitätsnormen für Krankenhausleistungen sind Grenzen gesetzt. So läßt sich die Qualität des Essens z. B. durch die Kalorienzahl, durch die Nährstoff- und Vitaminwerte, den Wärmegehalt usw. noch eindeutig messen. Eine eindeutige Messung versagt jedoch für das Aussehen des Essens sowie den Geschmack. Sobald eine exakte Qualitätsmessung – und das gilt insbesondere im medizinischen Bereich – scheitert, sollte man sich im Krankenhaus zumindest um eine Umschreibung des Qualitätsstandards bemühen, die keine allzu großen Interpretationsspielräume bietet.

Im folgenden sollen für die einzelnen Leistungsbereiche des Krankenhauses Beispiele für eine mögliche Qualitätsmessung der Leistung gegeben werden. Diese Aufzählung erhebt jedoch in keiner Weise Anspruch auf Vollständigkeit.

Mögliche Qualitätsmaßstäbe:

(1) *Essensversorgung*
    (a) Zahl der Menüs, zwischen denen der Patient täglich wählen kann;
    (b) durchschnittliche Anzahl der Komponenten oder der Gänge, aus denen sich ein Menü zusammensetzt;
    (c) Zeit zwischen dem Ende des Garungsprozesses des Essens und der Verabreichung des Essens an den Patienten;
    (d) Nährstoffwerte des Essens.

(2) *Unterbringung der Patienten*
    (a) Quadratmeter Fläche (Kubikmeter Raum) pro Patient;
    (b) Bettenzahl pro Raum;
    (c) Ausstattung der Zimmer mit sanitären Einrichtungen;
    (d) Häufigkeit des Wäschewechsels;
    (e) Häufigkeit und Intensität der Zimmerreinigung.

(3) *Pflege*
    (a) Anzuwendende Organisationsprinzipien der Pflege (Einheit der Pflege, Pflege nach dem Funktions- oder Gruppenprinzip);
    (b) angestrebte Ausstattung der Stationen mit Pflegepersonal pro Bett;
    (c) Ausbildungsstand des Personals.

(4) *Medizinische Leistungen*
    (a) Ausstattung mit Personal bestimmter Ausbildung pro Bett;
    (b) Einsatz technischer Geräte und medizinischer Verfahren.

Die Definition der im Krankenhaus zu erbringenden Leistungen nach Art und Qualität ist insbesondere erforderlich, um im Wege zwischenbetrieblicher oder innerbetrieblicher Vergleiche feststellen zu können, ob eine bei niedrigen Kosten vorgetäuschte hohe Wirtschaftlichkeit der Leistungserstellung nicht in Wahrheit eine qualitative Minderleistung darstellt, die noch dazu wirtschaftlicher hätte erbracht werden können.

Über das zweckmäßige Qualitätsniveau der Leistungen lassen sich keine eindeutigen Aussagen machen. Das Qualitätsniveau ist vielmehr durch ein Gremium der Trägerorganisation auszuhandeln. Bei diesem Verhandlungsprozeß sind der Stand der medizinischen Forschung, der Lebensstandard der Volkswirtschaft, die Würde des Menschen als Patienten, die Finanzkraft, das Leistungsniveau konkurrierender Krankenhäuser usw. angemessen zu berücksichtigen.

3. Das ökonomische Prinzip als Element des Zielsystems der Krankenhäuser

Sollen die Krankenhäuser auf Dauer gesehen ein bestimmtes Niveau qualitativer und quantitativer Leistungen erbringen, so hat das zur Voraussetzung, daß die Einnahmen des Krankenhauses den Verzehr an Produktionsfaktoren für die Leistungserstellung kompensieren. Langfristig ist die nach Qualität und Quantität definierte Leistungserstellung im Krankenhaus daher nur sichergestellt, wenn die anfallenden Kosten durch die Erlöse gedeckt werden und es dem Betrieb möglich ist, die Substanz[8] des Betriebes zu erhalten.

Für die Aufrechterhaltung des Leistungsprozesses in Krankenhäusern ist es nicht erforderlich, daß die Betriebe nach dem ökonomischen Prinzip arbeiten. Wird stets dafür gesorgt, daß die Substanzerhaltung im Krankenhaus gesichert ist, so könnte auf das Prinzip wirtschaftlicher Leistungserstellung durchaus verzichtet werden. Es kommt dann jedoch in aller Regel zu einer Vergeudung von Produktionsfaktoren, die der Kollektivorientierung des Krankenhauses nicht gerecht wird. Aus der Kollektivorientierung folgt nicht allein die Forderung nach einer quantitativ und qualitativ optimalen Bedarfsdeckung für Krankenhausleistungen, zwingend daraus abzuleiten ist auch die Befolgung des ökonomischen Prinzips als Maxime der Leistungserstellung, d. h., die Kollektivorientierung des Krankenhauses kommt auch in den Kosten zum Ausdruck, die die Allgemeinheit für die Vorhaltung der Krankenhausleistungen bezahlen muß. Die Einführung des ökonomischen Prinzips in das Zielsystem der Krankenhäuser ist daher unerläßliche Voraussetzung einer rationalen Betriebsführung im Krankenhaus.

Das ökonomische Prinzip besagt, daß ein nach Qualität und Quantität gegebenes Leistungsniveau mit minimalen Kosten realisiert werden soll. Für die Messung des Leistungsniveaus eines Krankenhauses bieten sich mit der Anzahl der behandelten Patienten (P) sowie der Zahl der für diese Patienten geleisteten Pflegetage[9] (P · V) zwei Maßstäbe an. Es fragt sich nun, ob das ökonomische Prinzip eine Minimierung der durchschnittlichen Kosten pro Patient (K_p) oder der pro Pflegetag (K_t) beigegebenen Leistungsniveau P bzw. P · V verlangt. Bei gegebenem Leistungsniveau P bzw. P · V ist es grundsätzlich gleichgültig, ob die Kosten pro Patient oder die pro Pflegetag minimiert werden. Aus der Beziehung

$$K_p = K_t \cdot V$$

ist zu entnehmen, daß mit der Verringerung der Kosten pro Pflegetag (K_t) gleichzeitig eine Senkung der Kosten pro Patient (K_p) verbunden ist. Dieser Kostenzusammenhang gilt jedoch nur, wenn die durchschnittliche Verweildauer (V) der Patienten eine Konstante des Problemes ist.

---

8) Unter Substanzerhaltung ist die Erhaltung derjenigen Ausstattung mit Produktivfaktoren zu verstehen, die zur Aufrechterhaltung eines nach Quantität und Qualität genau definierten Leistungsniveaus notwendig ist. Nicht zur Substanzerhaltung sind Veränderungen der Ausstattung zu rechnen, die einer Qualitätsverbesserung der Leistungen dienen.

9) Die Pflegetage pro Kalendereinheit ergeben sich durch Multiplikation der behandelten Patienten (P) mit der durchschnittlichen Verweildauer (V) pro Patient.

Kann die Krankenhausleitung die Verweildauer beeinflussen, so liegt das Leistungsvolumen des Krankenhauses gemessen in Pflegetagen bei gegebener Patientenzahl nicht fest; vielmehr kann das Leistungsvolumen z. B. über eine Streckung der Verweildauer erhöht werden. Durch eine derartige Streckung werden die Fixkosten auf eine größere Anzahl von Pflegetagen verteilt, die Beschäftigungsdegression löst folglich eine Senkung der Kosten pro Pflegetag aus. Trotz sinkender Kosten pro Pflegetag steigen die Kosten pro Patient an, da bei konstanten beschäftigungsunabhängigen Kosten pro Patient die variablen von der Verweildauer direkt abhängigen Kosten pro Patient zunehmen[10]. Eine Minimierung der durchschnittlichen Kosten pro Patient einerseits bzw. der Kosten pro Pflegetag andererseits führt daher zu unterschiedlichen Politiken im Krankenhaus, d. h., bei einer Minimierung der Kosten pro Pflegetag wird u. U nicht das Minimum der Kosten für die Anzahl der behandelten Patienten erreicht. Entscheidend im Sinne der Kollektivorientierung des Krankenhauses sind jedoch die Gesamtkosten für die Behandlung aller Patienten bzw. die durchschnittlichen Kosten pro Patient.

Die Befolgung des ökonomischen Prinzips im Krankenhaus muß folglich im Sinne einer Minimierung der Kosten pro Patient bei gegebener Qualität der Krankenhausleistungen interpretiert werden. Das aber bedeutet, daß die Pflegetage als üblicher Leistungsmaßstab im Krankenhaus für eine ökonomisch rationale Politik wenig geeignet sind.

Mit der Einführung des ökonomischen Prinzips in das Zielsystem der Krankenhäuser ist jedoch durchaus nicht gesagt, daß ökonomische Aspekte die Krankenhausführung dominieren sollen. Das ökonomische Prinzip dient vielmehr nur dazu, jenen Handlungsspielraum im Bereich der Mittelentscheidungen auszufüllen, der durch die gesetzten Qualitätsnormen der zu erbringenden Leistungen noch offensteht. Dem ökonomischen Prinzip kommt damit im Rahmen der Krankenhausführung stets eine subsidiäre Bedeutung zu. Das soll anhand eines Beispieles verdeutlicht werden:

Die Unterbringung der Patienten im Krankenhaus könnte in Sälen, 6-Bett-Zimmern usw. erfolgen. Jede dieser Unterbringungsarten ist als eine Qualitätsstufe der Leistungserstellung aufzufassen. Soll eine möglichst wirtschaftliche Unterbringung der Patienten erreicht werden, so könnte ein Entscheidungsträger das durch eine Substitution von Qualität und Kosten erreichen wollen, d. h., die Kosten werden durch Verschlechterung der Qualität der Leistungserstellung gesenkt. Würde diese Substitution von Qualität und Kosten in allen Bereichen des Krankenhauses einsetzen, so wären menschenunwürdige Zustände die Folge dieses Handelns.

Um eine derartige Qualitätssenkung zu verhindern, werden im Rahmen der kategorialen Ziele Mindestanforderungen an die Qualität der zu erstellenden Leistungen definiert. Aufgabe des Wirtschaftlichkeitsprinzips wäre es dann, diejenige Handlungsalternative mit den niedrigsten Kosten zu bestimmen, die den Mindestanforderungen an die Qualität der Leistungen genügt. Eine Festlegung der Qualitätsnormen für die Krankenhausleistungen verhindert somit die Dominanz wirtschaftlicher

---

10) Vgl. hierzu Kapitel IV, b, 1.

Überlegungen. Über die Qualitätsnormen werden mithin Restriktionen für die Mittelentscheidungen geschaffen.

Um einem in diesem Sinne richtig verstandenen ökonomischen Denken im Krankenhaus zum Durchbruch zu verhelfen, ist es unerläßlich, für alle Bereiche des Krankenhauses eindeutige Qualitätsnormen aufzustellen. Wirtschaftliches Denken in der Krankenhausführung bedeutet somit nicht, daß die Qualitätsnormen der zu erbringenden Leistungen nach Wirtschaftlichkeitsgesichtspunkten zu bestimmen sind. Die Qualität der Leistungen muß sich vielmehr in erster Linie am Lebensstandard sowie an medizinischen und gesundheitsfürsorgerischen Gesichtspunkten usw. ausrichten. Ökonomisch determiniert ist die Leistungsqualität nur insoweit, als die finanzielle Leistungsfähigkeit bei der Bestimmung des Qualitätsniveaus berücksichtigt werden muß.

d) Zielkonflikte zwischen den kategorialen und den ökonomischen Zielelementen

Zwischen den einzelnen Zielgrößen eines Zielsystems sind grundsätzlich drei Arten von Beziehungen denkbar:

(1) *Konkurrenzbeziehungen.* Die Erhöhung des Zielerreichungsgrades einer Zielgröße hat eine Verringerung des Zielerreichungsgrades anderer Zielgrößen zur Folge.

(2) *Komplementärbeziehungen.* Mit der Erhöhung des Zielerreichungsgrades einer Zielgröße erhöht sich auch der Zielerreichungsgrad einer anderen Zielgröße.

(3) *Indifferenz der Ziele.* Die Verbesserung des Zielerreichungsgrades einer Größe wirkt sich auf den Zielerreichungsgrad einer anderen Zielgröße überhaupt nicht aus.

Ökonomische und kategoriale Ziele (Qualitätsnormen) der Krankenhausführung sind häufig weder unabhängig voneinander (Indifferenz) noch bestehen zwischen ihnen Komplementärbeziehungen. Im Regelfall dürften zwischen den kategorialen Zielen und dem ökonomischen Ziel Konkurrenzbeziehungen existieren. Diese Verflechtung zwischen den beiden Zielgrößen bewirkt z. B., daß eine Erhöhung der Leistungsqualität nur mit einer gleichzeitigen Erhöhung der Kosten erreichbar ist. Damit verbessert sich der Zielerreichungsgrad hinsichtlich der kategorialen Ziele, während der Zielerreichungsgrad im Bereich der Kosten abnimmt.

Dieser Zusammenhang soll anhand eines Beispiels aus dem Bereich der Essensversorgung näher erläutert werden. Für das Essen mögen 2 Qualitätsmaßstäbe aufgestellt worden sein, und zwar die Anzahl verschiedener Menüangebote, zwischen denen ein Patient pro Tag wählen kann und die durchschnittliche Zeit, die zwischen dem Ende des Kochprozesses und der Essensverabreichung vergeht.

Für die Essensversorgung mögen drei Produktionsverfahren existieren:

I. Zentrale Vorfertigung von Tiefkühlkost, die in Stationsküchen gelagert wird und nach den Wünschen des Patienten zusammenzustellen ist;

II. Zentrale Fertigung der Speisen, Portionierung in der Küche und der Transport des Essens in Wärmewagen zu den Patienten;

III. Komplette Fertigung in dezentralen Stationsküchen.

Jedes dieser drei Produktionsverfahren läßt sich durch die Kosten sowie die beiden Qualitätsmaßstäbe kennzeichnen. Das Produktionsverfahren II verursacht z. B. täglich 2,– DM Fertigungskosten pro Patient, die durchschnittliche Wartezeit des Essens stellt sich auf 40 Minuten, und es lassen sich maximal 3 Menüs pro Tag mit diesem System anbieten.

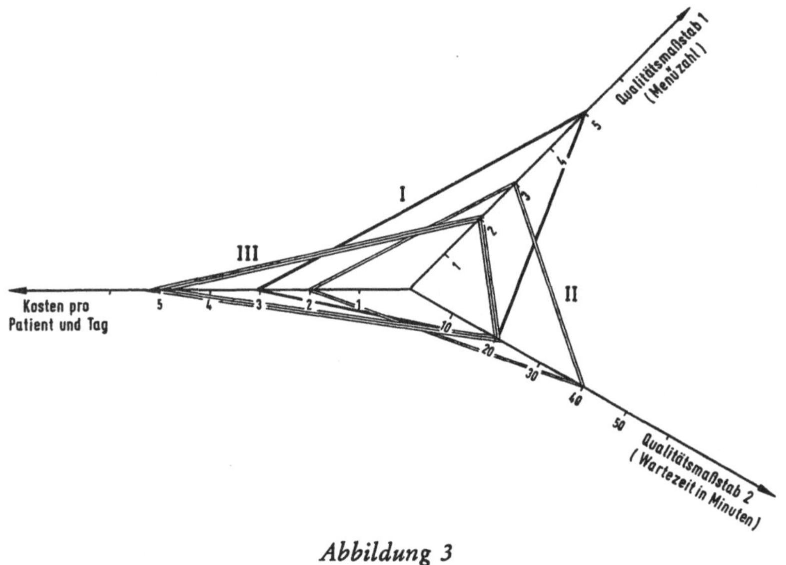

Abbildung 3

Der Zielerreichungsgrad des zweiten Verfahrens der Essensversorgung läßt sich damit in Abbildung 3 durch das doppelt umrandete Dreieck wiedergeben. Für jedes der drei Produktionsverfahren existiert ein eigenes Dreieck der Zielerreichungsgrade.

Abbildung 3 läßt erkennen, daß das Verfahren III von den Verfahren I und II dominiert wird, d. h., unabhängig davon, welches Niveau für die Qualitätsmaßstäbe I und II angestrebt werden, kann Verfahren III niemals optimal sein; da bei geringerer bzw. gleicher Qualität im Vergleich zu I und II höhere Kosten anfallen.

Hat der Betrieb als Mindestanforderungen bisher drei Menüs und maximal vierzig Zeiteinheiten Wartezeit zwischen dem Ende des Kochprozesses und der Verabreichung des Essens festgelegt, so erweist sich das Verfahren II hinsichtlich der Kosten als optimal. Erhöht der Betrieb jedoch die Qualitätsanforderungen, werden z. B. 5 Menüs verlangt, ist das Verfahren II nunmehr ein unzulässiges Produktionsverfahren für diese Qualitätsanforderungen. Mit dem Übergang vom Verfahren II auf Verfahren I steigen zwar die Kosten, gleichzeitig wird aber auch die Qualität der Leistung verbessert. Zwischen den beiden Zielelementen des Zielsystems besteht somit ein Zielkonflikt.

Aufgrund dieser Konfliktsituation müssen bei der Festlegung des Qualitätsniveaus der Leistungen stets die Rückwirkungen der Qualitätsnormen auf die Kosten beachtet werden, d. h., es muß berücksichtigt werden, ob die mit einer Qualitätsverbesserung eintretenden Kostenerhöhungen noch getragen werden können. Für die Wahl der Qualitätsnormen der Leistungen sind insoweit auch ökonomische Aspekte mitbestimmend, d. h., die Wahl der qualitativen Normen kann nicht ohne Rücksicht auf die Kostensituation bzw. die finanzielle Leistungsfähigkeit vorgenommen werden.

Der zwischen den beiden Zielgrößen bestehende Zielkonflikt wird letztlich dadurch hervorgerufen, daß eine Maximierung der Qualität der Krankenhausleistungen nicht gleichzeitig mit einer Minimierung der Kosten einhergeht. Diese bei mehrdimensionalen Zielen häufig auftretende Konfliktsituation läßt sich nur durch eine Integration der beiden Zielelemente in eine übergeordnete eindimensionale Zielsetzung vollständig aufheben. Das aber wiederum setzt eine Gewichtung der beiden Zielelemente voraus. Die Gewichtungsfaktoren der beiden Zielelemente sind nicht objektiv zu bestimmen; sie hängen vielmehr von subjektiven Faktoren der am Zielbildungsprozeß beteiligten Personen ab. Die Gewichte, die den beiden Zielelementen für die Führung des Krankenhauses zukommt, sind insbesondere von den Intentionen der am Zielbildungsprozeß Beteiligten und ihren Machtpositionen im Zielbildungsprozeß abhängig.

Die für einen praktischen Zielbildungsprozeß einfachste Möglichkeit zur Überwindung des Zielkonfliktes dürfte darin bestehen, daß sich die Teilnehmer am Zielbildungsprozeß im Verlaufe eines Verhandlungsprozesses auf eine Rangordnung der Ziele einigen, indem sie für die zu erbringenden Leistungen qualitative Mindestanforderungen setzen. Diese Mindestanforderungen begrenzen dann den Handlungsspielraum bei den Mittelentscheidungen, d. h., eine Reihe von Handlungsalternativen, die den Qualitätsanforderungen nicht entsprechen, werden als unzulässig ausgeschieden. Auf den Handlungsspielaum im Bereich der Mittelentscheidungen, der durch die Qualitätsnormen definiert ist, findet dann nur noch das ökonomische Prinzip Anwendung. Durch dieses Vorgehen zur Überwindung des Zielkonfliktes wird das ökonomische Prinzip relativiert. Es geht bei den einzelnen Mittelentscheidungen nur noch darum, die Kosten für Leistungen zu minimieren, für die qualitative Mindestanforderungen festgelegt worden sind[11].

---

11) Statt qualitative Mindestanforderungen zu setzen, könnten die Teilnehmer am Zielbildungsprozeß durch Vertauschen der Präferenz der beiden Zielelemente auch ein nicht zu überschreitendes Kostenbudget vorgeben. In den Grenzen dieses Budgets müßte dann die Qualität der Leistungen maximiert werden. Dieses Vorgehen ist jedoch unpraktisch, da für die Qualität einer Leistung meistens mehrere Maßstäbe existieren. Eine Maximierung der Qualität ist dann nur für eine bestimmte Gewichtung der Qualitätsmaßstäbe möglich. Diese Gewichte müßten im Zielbildungsprozeß ausgehandelt werden.

4 Adam, Krankenhaus

e) Die Ableitung operationaler Unterziele aus dem Zielsystem des Krankenhauses

Das bislang diskutierte Zielsystem bezieht sich als oberstes Ziel der Organisation „Krankenhaus" auf die Mittelentscheidungen, die durch das Krankenhausmanagement eigenverantwortlich durchzuführen sind. Da sich dieses Management – wie dem im Abschnitt III vorzulegenden Organisationsvorschlag zu entnehmen ist – häufig auf mehrere Krankenhäuser erstrecken wird, werden Teile der Dispositionsaufgaben an die jeweiligen Betriebsleitungen der einzelnen Krankenhäuser delegiert, die wiederum einen Teil dieser Aufgaben an die Organisationsteilnehmer delegieren, die ihr unterstellt sind. Für die Delegation der Mittelentscheidungen des Managements an nachgelagerte Instanzen der Organisationshierarchie gibt es grundsätzlich zwei Möglichkeiten:

(1) *Explizite Verhaltensnormen*

    Explizite Verhaltensnormen für die nachgeordneten Organisationsteilnehmer liegen dann vor, wenn genau bestimmt wird, wie sie in einzelnen Situationen zu handeln haben. Bei expliziten Verhaltensnormen haben die dem Management nachgeordneten Organisationsteilnehmer mithin keinen Entscheidungsspielraum, den sie ausfüllen können. Vielmehr ist die Art des Handelns durch höhere Instanzen der Organisation für jede Situation eindeutig vorbestimmt bzw. vorprogrammiert.

(2) *Implizite Verhaltensnormen*

    Bei impliziten Verhaltensnormen werden echte Entscheidungskompetenzen von höheren Organisationsinstanzen an niedere Instanzen delegiert. Die niederen Instanzen haben diese Entscheidungen eigenverantwortlich auszuführen. Um die Handlungsweisen der nachgelagerten Organisationsinstanzen zu koordinieren, ist es erforderlich, entlang der Organisationshierarchie des Krankenhauses aus dem Oberziel des Krankenhauses Unterziele für die einzelnen Instanzen abzuleiten, die das Handeln dieser Organisationsteilnehmer determinieren.

Wird die zweite Art der Delegation gewählt, findet mithin eine echte Delegation von Entscheidungskompetenzen statt, so ist es erforderlich, aus einem Oberziel für den Betrieb geeignete Unterziele für die einzelnen Organisationsinstanzen abzuleiten. Diese abzuleitenden Unterziele müssen ganz bestimmten Anforderungen genügen, wenn das Handeln der dezentralen Entscheidungseinheiten auf das gesamte Betriebsziel hin koordiniert sein soll. Im einzelnen sind die folgenden Anforderungen an die Unterziele zu stellen:

(1) Die Unterziele müssen im Einklang mit dem Oberziel stehen, d. h., mit einer Erhöhung des Zielerreichungsgrades der Unterziele muß gleichzeitig eine Erhöhung des Zielerreichungsgrades des Oberzieles einhergehen. Zwischen dem Unterziel und dem Oberziel dürfen mithin keine Konkurrenzbeziehungen existieren. Das soll wiederum anhand eines Beispieles näher erläutert werden. Oberziel für das Krankenhausmanagement möge die Minimierung der Kosten für eine hinsichtlich

der qualitativen Mindestanforderungen genau definierte Leistung sein. Wird dann z. B. einer bestimmten Instanz des Organisationssystems das Unterziel „Minimierung der Verweildauer" gesetzt, soweit die Verringerung der Verweildauer medizinisch vertretbar ist, so muß im Einzelfalle sichergestellt werden, daß mit der Reduzierung der Verweildauer auch eine Förderung des Oberziels des Betriebes verbunden ist; über eine Reduzierung der Verweildauer muß folglich eine Kostensenkung möglich sein. Bei Konkurrenzbeziehungen zwischen Ober- und Unterziel ist eine Koordination der Handlungsalternativen im Hinblick auf das Oberziel des Betriebes unmöglich. Es muß mithin sichergestellt sein, daß zwischen Unter- und Oberzielen stets Komplementärbeziehungen existieren.

(2) Die abzuleitenden Unterziele müssen sich auf die Tatbestände beziehen, die durch die einzelnen Entscheidungsträger beeinflußbar sind. So ist es beispielsweise völlig sinnlos, einem Facharzt generell das Ziel Kostenminimierung bei definierter Qualität der Leistungen vorzugeben, wenn er durch seine Dispositionen lediglich auf die Verweildauer der Patienten Einfluß nehmen kann. Nur wenn sich das Unterziel auf Kenngrößen bezieht, die der jeweilige Entscheidungsträger zu beeinflussen vermag, kann der einzelne Entscheidungsträger aus dieser Zielsetzung ein eindeutig bestimmtes Handlungsprogramm ableiten.

(3) Die abzuleitenden Unterziele sollten leicht verständlich und operational sein. Auch hierzu soll ein Beispiel gegeben werden. Mit dem Ziel „Minimierung der Kosten" können beispielsweise die in der zentralen Sterilisationsabteilung Beschäftigten überhaupt nichts anfangen, da sie es nicht gewohnt sind, in ökonomischen Kategorien zu denken. Die Zielgröße sollte daher in einer derartigen Abteilung nicht auf Kosten, sondern auf Leistungsgrößen ausgerichtet werden. Die Zielgröße müßte mithin ein Soll an zu erbringenden Sterilisationseinheiten pro ZE sein, wobei diese Sollgröße nach ökonomischen Gesichtspunkten zu bestimmen ist.

Bei der Ableitung von Unterzielen aus dem Oberziel sollten die Dimensionen der Zielgrößen sowie das System der Zielgrößen hauptsächlich durch das Krankenhausmanagement festgelegt werden; so müßte das Krankenhausmanagement z. B. festlegen, daß die Zielgröße im Sterilisationsbereich die zu erbringenden Sterilisationseinheiten sein sollen. Bei der Ableitung des Niveaus der Zielgröße sollten jedoch die einzelnen Organisationsteilnehmer beteiligt werden, da einer Vereinbarung der Ziele zwischen den Organisationsteilnehmern und dem Management eine starke Motivationskraft innewohnt.

Unterziele brauchen aus dem Oberziel nur dann abgeleitet zu werden, wenn man sich im Krankenhaus für eine Delegation eigenverantwortlich auszuführender Entscheidungskompetenzen ausspricht (implizite Verhaltensnormen). Bei expliziten Verhaltensnormen erübrigt sich die Ableitung derartiger Unterziele. Für die Organisation des Krankenhauses wird es vorteilhaft sein, explizite und implizite Verhaltensnormen gemeinsam einzusetzen, da es z. B. Bereiche gibt, in denen das Handeln durch die Betriebsleitung oder das Management eindeutig determiniert ist, während es andererseits zur Delegation von echten Entscheidungskompetenzen kommen kann.

Welches der beiden Prinzipien im Einzelfalle gewählt wird, hängt von der Stellung einer Instanz innerhalb der Organisationshierarchie sowie den faktischen Machtverhältnissen ab. So ist es beispielsweise sinnlos, bis in die untersten Organisationsinstanzen mit impliziten Verhaltensnormen arbeiten zu wollen, da die Handlungsweisen dieser Instanzen in aller Regel weitgehend oder vollständig durch vorgelagerte Instanzen determiniert sind. Die Anwendbarkeit impliziter Verhaltensnormen nimmt in der Regel ab, je tiefer die einzelnen Instanzen in der Organisationshierarchie eingeordnet sind.

III. Konzeption für die Organisation des Entscheidungsfeldes der Krankenhäuser

a) Grundprinzipien des organisatorischen Aufbaus

1. Anforderungen an eine moderne entscheidungsorientierte Organisation

Das bislang übliche Organisationsmodell der Krankenhäuser ist – und das gilt insbesondere für kommunale Krankenhäuser – zu stark kontroll- und zu wenig entscheidungsorientiert. Das Überwiegen des Kontrollaspektes ist dabei eine unmittelbare Folge der Kompetenzverteilung zwischen dem Träger und der Krankenhausleitung. Im Extremfall kommt nur dem Träger bzw. dessen Organen Entscheidungskompetenz zu, sofern man von medizinischen Entscheidungen über die Art der Behandlungen einmal absieht. Die nachgelagerten Instanzen haben nur Durchführungskompetenzen. Dabei wird ihnen in der Regel durch den Träger genau vorgeschrieben, wie sie in bestimmten Situationen handeln müssen[1]. Es dominiert somit im Krankenhaus das Prinzip einer Führung über explizite Verhaltensnormen.

Kontrollorientiert ist diese Organisation insofern, als der Träger die Einhaltung der erlassenen expliziten Verhaltensnormen überprüfen muß. Die gesamte Organisation ist auf diesen Kontrollaspekt zugeschnitten. Dabei werden Fragen der ökonomischen Zweckmäßigkeit der in Form genereller Regelungen getroffenen Entscheidungen weitgehend in den Hintergrund gedrängt. Es werden mithin lediglich Aufgaben mit genauen Ausführungsanweisungen, nicht aber Entscheidungskompetenzen delegiert. Ihre stärkste Unterstreichung erfährt diese Kontrollorientierung in einem weitgehend bürokratischen Führungsstil der Krankenhäuser.

In Organisationsstrukturen dieser Prägung ist es immer sehr schwer, rationalem Handeln nach ökonomischen Kriterien zum Durchbruch zu verhelfen. Der Grund dafür ist hauptsächlich in der Unselbständigkeit der nachgelagerten Instanzen der Organisation zu sehen, die einer Motivation zu wirtschaftlichem Handeln entgegenwirkt. Wirtschaftliches Denken hat nur dann eine Chance zu einem tragenden Element der Betriebsführung in den Krankenhäusern zu werden, wenn der Krankenhausträger zum einen nachgelagerten Instanzen Entscheidungskompetenzen überantwortet, wenn also das Prinzip der Führung über explizite Verhaltensnormen zumindest zum Teil durch Führung über implizite Verhaltensnormen ersetzt wird, und wenn zum anderen den Organisationsteilnehmern Mitwirkungsrechte in den Führungsorganen zugestanden werden.

---

[1] Beispielhaft sei hierfür der Beschaffungsbereich herangezogen. Der Träger schreibt der Krankenhausleitung in der Regel genau vor, wer wo Bestellungen aufgeben darf und welche Bestellwege einzuhalten sind.

Anders formuliert muß der Krankenhausführung mehr Selbständigkeit in der Betriebsführung gegenüber dem Träger zugestanden werden, als das heute in der Regel der Fall ist. Als Folge dessen muß die Kompetenzverteilung zwischen dem Träger und der Krankenhausleitung neu geregelt werden. Die Organisation des Entscheidungsfeldes der Krankenhäuser sollte dabei ein größeres Maß an Dezentralisation der Entscheidungskompetenzen aufweisen als derzeit, d. h., ein Teil der heute beim Träger liegenden Entscheidungskompetenzen muß auf die Krankenhausführung verlagert werden. Das Ausmaß der Kompetenzen der einzelnen Krankenhausleitungen sollte dabei in etwa das Ausmaß von Unternehmungen annehmen, die als Divisionen in der Form von „Profit Centers" geführt werden.

Weiterhin muß allen Angehörigen des Krankenhauses ein Mitwirkungsrecht an der Leitung des Krankenhauses zugestanden werden. Nur bei einer derartigen Mitwirkung kann es gelingen, die vielschichtigen Motivstrukturen der Gruppen im Krankenhaus in befriedigendem Umfang in einem Zielsystem oder bei strategischen Mittelentscheidungen zum Ausgleich zu bringen. Letztlich ist ein derartiger Interessenausgleich die Voraussetzung einer von allen Gliedern des Krankenhauses getragenen Führungskonzeption.

Sinn einer Umverteilung der Kompetenzen ist es, in die Organisation des Krankenhauses Elemente einzubauen, die zu wirtschaftlichem Handeln motivieren. Der Übertragung von Verantwortung kommt – wie praktische Erfahrungen immer wieder untermauern – eine sehr starke motivierende Wirkung zu, da eine eigenverantwortliche Tätigkeit den Organisationsteilnehmern ein höheres Maß an Selbstverwirklichung durch die Tätigkeit in einer Organisation gestattet, als das bei expliziten Verhaltensnormen ohne Entscheidungsspielraum der Fall ist. Der einzelne Organisationsteilnehmer erhält durch die Übertragung eines Entscheidungsspielraumes und von Verantwortung größere „Anreize" aus der Organisation, die ihn dazu veranlassen, seine „Beiträge" zur Verwirklichung der Ziele der Organisation zu erhöhen.

Die motivierende Wirkung größerer Selbständigkeit und Verantwortung sollte jedoch durch weitere Anreizelemente der Organisation unterstützt werden. Hierzu erscheinen für die Organisation der Krankenhäuser drei Wege geeignet:

(1) Die Vereinbarung von Zielen als impliziten Verhaltensnormen des Handelns zwischen der Leitung und den nachgelagertem Instanzen der Organisation (partizipativer Führungsstil).

(2) Ein in Grenzen unvollkommenes Zielsystem, das es den Entscheidungsträgern gestattet, eigene Intentionen in den Entscheidungsprozeß einfließen zu lassen (Ziele nach dem Anspruchsniveau).

(3) Ein System von Sanktionen für nicht zielkonformes Verhalten, um eine höhere Identifikation der Entscheidungsträger mit den Zielen der Organisation zu erreichen.

Die motivierende Wirkung dieser drei Organisationselemente soll kurz näher erläutert werden:

Zu 1:

Gibt ein Vorgesetzter Untergebenen ein zu erreichendes Ziel vor, dann werden die Untergebenen die Schuld in erster Linie beim Vorgesetzten und nicht bei sich selbst suchen, wenn sie diese Ziele nicht erreichen können. Die Untergebenen neigen zumindest dazu, ohne ihre Mitwirkung vom Vorgesetzten fixierte Ziele als unrealistisch und nicht erreichbar abzuqualifizieren.

Eine Führung über implizite Normen kann immer nur dann erfolgreich sein, wenn sich die Entscheidungsträger mit diesen Zielen identifizieren, wenn sie diese Ziele also als ihre eigenen ansehen. Der Grad der Identifikation mit den Zielen ist aber im allgemeinen wesentlich höher, wenn die Ziele zwischen den Organisationsinstanzen ausgehandelt und vereinbart werden. Die Mitwirkung der einzelnen Entscheidungsträger an der Fixierung der Ziele schließt – wenn es sich um eine echte Mitwirkung handelt – bereits aus, daß die Ziele von denen, die sie verwirklichen sollen, für unrealistisch und unerreichbar angesehen werden. Den einzelnen Entscheidungsträgern fehlt bei einer Vereinbarung der Ziele das Alibi, die Schuld für nicht erreichte Ziele beim Vorgesetzten zu suchen.

Für die Krankenhausführung bedeutet diese Zielvereinbarung konkret, daß die Krankenhausleitungen bzw. ihr nachgeordnete Entscheidungsinstanzen an einem Verhandlungsprozeß teilnehmen sollen, der einmal zur Fixierung des Niveaus der anzustrebenden Zielgrößen – z. B. Kostenbudgets, Verweildauer oder Leistungskennzahlen – führen soll. Dieser Verhandlungsprozeß sollte jedoch nicht allein die Fixierung des Niveaus einer gegebenen Zielgröße zum Gegenstand haben. Der Grad an Identifikation mit den Zielen der Organisation wird vielmehr noch gesteigert, wenn der einzelne Entscheidungsträger bei der Auswahl der anzustrebenden Unterzielgrößen mitwirken kann. Ein Beispiel möge das verdeutlichen: Wird einem Arzt z. B. als Zielgröße die Verweildauer der Patienten gesetzt und läuft die Vereinbarung des Niveaus dieser Zielgröße auf eine Senkung der zur Zeit erreichten Verweildauer hinaus, dann wird sich der Arzt nicht mit diesem Ziel identifizieren; vielmehr wird er versuchen, gegen dieses Ziel zu verstoßen, wenn diese Zielgröße individuellen oder berufsständischen Interessen zuwiderläuft. Durch einen Verhandlungsprozeß muß abgeklärt werden, ob zwischen den Zielgrößen, die von der Leitung eines Betriebes vorgeschlagen werden, und den Zielen der einzelnen Organisationsteilnehmer Unvereinbarkeiten bestehen. Die Vereinbarung von Zielen muß zwischen dem Träger und der Krankenhausleitung einerseits und den einzelnen Instanzen der Krankenhausleitung andererseits erfolgen.

Zu 2:

Die Zielgrößen, auf die hin die Entscheidungsträger ihr Handeln ausrichten sollen, werden sich nicht voll mit den individuellen Zielen der Entscheidungsträger decken. Weil aber eigenen Zielen immer eine größere Motivationskraft innewohnt als vereinbarten Organisationszielen, die sich nur zum Teil mit den individuellen Zielen decken, erscheint die Vereinbarung eines unvollkommenen Zielsystems nach der Theorie des Anspruchsniveaus – befriedigendes Zielniveau[2] – vorteilhaft. Durch die Vereinbarung extremaler Ziele – z. B. Kostenminimierung – ist das Handeln der Entscheidungsträger eindeutig determiniert, sieht man einmal vom Unsicherheitsproblem über die Zahl der möglichen Handlungsalternativen sowie deren Konsequenzen ab. Bei extremalen Zielen gibt es damit in der Regel nur eine Handlungsalternative, die diesem Ziel gerecht wird.

Anders bei Zielen, die auf die Einhaltung eines bestimmten vereinbarten Kostenbudgets oder prozentuale Kostensenkungen hinauslaufen. Ist das Niveau der Zielgröße entsprechend den Erfahrungen und Erwartungen realistisch gewählt, wird es mehrere Handlungsalternativen geben, die das befriedigende Zielniveau erreichen. Aus der Menge der befriedigenden Handlungsprogramme kann der Entscheidungsträger dann jenes auswählen, das seinen subjektiven Zielen in den Grenzen der als befriedigend angesehenen Organisationsziele am besten entspricht. Das unvollkommene Zielsystem der Organisation läßt dem Entscheidungsträger dann einen Spielraum für die Durchsetzung eigener Ziele. In der Regel wird die Verfolgung individueller Ziele der Entscheidungsträger auch den Zielerreichungsgrad der Organisationsziele fördern, da sich die Entscheidungsträger, angetrieben durch die eigenen Ziele, bemühen werden, mehr Handlungsalternativen zu erarbeiten. Soweit zwischen den individuellen und den Organisationszielen jedoch Zielkonflikte existieren, werden die negativen Folgen auf das Organisationsziel, die durch ein Streben nach individuellen Zielen auftreten können, durch das Anspruchsniveau für die Organisationsziele begrenzt.

Bei der Vereinbarung des Niveaus der Organisationsziele muß dann jedoch beachtet werden, daß das Niveau dieser Ziele nicht zu niedrig angesetzt wird. Ein zu niedriges Niveau der Organisationsziele führt bei Konflikten zwischen dem Organisationsziel und Individualzielen dazu, mögliche Kosteneinsparungen zu verschenken und den individuellen, mit den Organisationszielen nicht abgedeckten Zielen einen zu großen Spielraum im Entscheidungsprozeß einzuräumen. Ein zu hohes Niveau der Organisationsziele führt hingegen zur Verringerung der motivierenden Kraft der individuellen Ziele, da es den Entscheidungsträgern dann innerhalb der verfügbaren Entscheidungszeit kaum gelingen wird, mehrere, hinsichtlich der Organisationsziele befriedigende Handlungsalternativen zu erarbeiten. Die Verringerung der Motivation ist gegeben, da die Entscheidungsträger lernen, daß ihnen im Rahmen der konkreten Bedingungen, in denen die Entscheidungsprozesse ablaufen, praktisch keine Möglichkeiten verbleiben, um ihre individuellen Interessen zu verfolgen. Sie werden dann ihre Beiträge zum Organisationsziel reduzieren.

Die Vereinbarung eines befriedigenden Niveaus der Organisationsziele ist aus dem Motivationsgrund heraus nur dann sinnvoll, wenn im Verlaufe des Verhandlungsprozesses über die Zielgröße ersichtlich wird, daß eine volle Übereinstimmung der Individual- und der Organisationsziele nicht erreichbar ist. Unabhängig vom Moti-

---

2) Zur Theorie des Anspruchsniveaus vgl. z. B. Hoppe, F., Erfolg und Mißerfolg, in: Psychologische Forschung, Bd. 14 (1970), S. 1 ff.; Dembo, T., Der Ärger als dynamisches Problem, in: Psychologische Forschung, Bd. 15 (1971), S. 40 ff. und S. 51 ff.; Katona, G., Psychological Analysis of Economic Behavior, New York—Toronto—London 1951; Simon, H. H., Models of Men, New York 1957, S. 241 ff.

vationsgrund sind befriedigende Ziele für eine Organisation stets praktisch, weil die Entscheidungsprozesse dadurch leichter zu überblicken sind und die Entscheidungszeit durch die Abkürzung des Suchprozesses für die Entscheidungsalternativen reduziert werden kann.

Zu 3:

An das Nichterreichen vereinbarter Ziele sollten Sanktionen gekoppelt werden, wenn der einzelne Entscheidungsträger die Abweichungen vom vereinbarten Zielniveau zu vertreten hat. Sanktionen müssen dabei jedoch positive wie negative Einwirkungen auf die einzelnen Organisationsteilnehmer umschließen. Sanktionen sollten nicht bei jeder kleinen Abweichung vom vereinbarten Zielniveau ausgelöst werden; vielmehr sind bei der Vereinbarung des Zielniveaus stets Toleranzgrenzen für eine Über- oder Unterschreitung des Zielniveaus mit vorzugeben.

Anreize zur Einhaltung des vereinbarten Zielniveaus könnten z. B. im Krankenhaus in der Form gegeben werden, daß Teile der Kosteneinsparungen gegenüber dem vereinbarten Zielniveau als „Erfolgsprämie" an die Entscheidungsträger verteilt werden. Derartige Kosteneinsparungen dürfen jedoch im Krankenhaus niemals zu Lasten der fixierten Mindestqualität der Leistungen gehen. Die Möglichkeiten, Sanktionen zu verhängen, wenn vereinbarte Ziele nicht erreicht werden, sind im Krankenhaus allerdings, bedingt durch die fehlende erwerbswirtschaftliche Ausrichtung dieser Betriebe, gering. Möglichkeiten bieten sich dafür jedoch über die Gestaltung der Einstellungsverträge der leitenden Ärzte sowie der Führungskräfte eines Krankenhauses. Bei den leitenden Ärzten wäre z. B. an eine Staffelung der Abgaben aus dem Liquidationsrecht sowie eine Staffelung des Gehaltes nach dem Zielerreichungsgrad zu denken. Für die Arbeitskräfte mit überwiegend ausführender Arbeit ist daran zu denken, einen Anreiz zu wirtschaftlichem Handeln zu geben, indem die gegenwärtig üblichen Zeitlöhne und Gehälter durch ein Prämiensystem ergänzt werden. Ein wirksames Sanktionssystem besteht auch darin, den Kompetenzbereich der Führungskräfte in Abhängigkeit vom Zielerreichungsgrad zu vergrößern oder zu verkleinern.

2. Die Grundstruktur eines möglichen Organisationsmodells für Krankenhäuser

Das vorzuschlagende Organisationskonzept der Krankenhausführung sieht drei Führungsorgane vor:

(1) Ein ständiges Aufsichts- und Entscheidungsgremium des Krankenhausträgers für die strategischen Entscheidungen und die Kontrolle der Geschäftsführung (Krankenhausausschuß).

(2) Ein Krankenhausmanagement für die taktischen Entscheidungen und die Vorbereitung der strategischen Entscheidungen. Diesem Krankenhausmanagement sind Stabsstellen für die Analyse spezieller Probleme der Krankenhausführung beizuordnen.

(3) Betriebsleitungen für die einzelnen Krankenhäuser.

Es erscheint zweckmäßig, dem Krankenhausmanagement jeweils mehrere Krankenhäuser eines Trägers zu unterstellen, um einmal kostengünstig arbeiten zu können und um zum anderen eine bessere Koordination der einzelnen Krankenhäuser zu erreichen[3]. Falls ein Träger nur ein Krankenhaus unterhält, werden die Organe 2 und 3 zu einem Führungsorgan – der Krankenhausleitung – vereinigt.

Soweit dem Krankenhausmanagement mehrere Krankenhäuser unterstehen, arbeiten die Betriebsleitungen nach dem Prinzip der Divisionalisierung, d. h., das Krankenhausmanagement übernimmt Zentralfunktionen für alle Betriebsleitungen, während die Betriebsleitungen für die ihnen übertragenen Kompetenzbereiche im Rahmen der vereinbarten Ziele eigenverantwortlich tätig sind. Die Führung der Betriebsleitungen durch das Krankenhausmanagement erfolgt über die Vereinbarung anzustrebender Unterziele und durch die Kontrolle des Zielerreichungsgrades. Das Krankenhausmanagement ist dem Krankenhausausschuß gegenüber im Rahmen der vom Ausschuß gesetzten Ziele und der getroffenen strategischen Entscheidungen für die Geschäftsführung aller ihm unterstellten Krankenhäuser direkt verantwortlich. Dem Krankenhausausschuß ist somit kein Durchgriffsrecht auf die einzelnen Betriebsleitungen einzuräumen, da das zu einer Umgehung des Krankenhausmanagements führen würde und eine Verwässerung der Kompetenz zur Folge hätte.

Der generelle organisatorische Aufbau und die Unterstellungsverhältnisse der Führungsorgane sind zusammen mit den generellen Funktionen dieser Organe der Skizze auf der folgenden Seite zu entnehmen.

Die Besetzung der einzelnen Führungsorgane ist wie folgt vorgesehen:

① *Betriebsleitung*

Die Betriebsleitung setzt sich aus drei Personen zusammen, einem ökonomisch geschulten Verwaltungsleiter, einem Mediziner sowie einem Vertreter des Pflegebereichs. Die Betriebsleitung ist für die laufende Geschäftsführung gemeinsam verantwortlich (kollegiale Leitung). Die Geschäftsführung wird in drei Ressorts aufgeteilt:
(a) Verwaltungs- und Versorgungseinrichtungen;
(b) Medizin;
(c) Pflege.

Durch die kollegiale Leitung soll erreicht werden, daß ökonomische Überlegungen nicht nur im Verwaltungs- und Versorgungsbereich Platz greifen, sondern auch in den Bereich der Medizin und der Pflege eindringen. Die Betriebsleitung soll sicherstellen, daß Beschlüsse nicht gegen die Stimme des Ressort-Leiters zustande kommen, in dessen Zuständigkeit der jeweilige Entscheidungstatbestand fällt.

② *Krankenhausmanagement*

Das Krankenhausmanagement setzt sich aus dem engeren Management und Vertretern der einzelnen Betriebsleitungen zusammen. Die Mitglieder des Krankenhausmanagements sind hauptberuflich mit der Krankenhausleitung beschäftigt.

---

3) Diese Koordination könnte z. B. in einer gemeinsamen Bettenbelegungsplanung, einer Abstimmung der apparativen Ausstattung, einer Abstimmung der Versorgungsstufen sowie Aushilfen im personellen Bereich bestehen.

Organisationsschema für Krankenhäuser

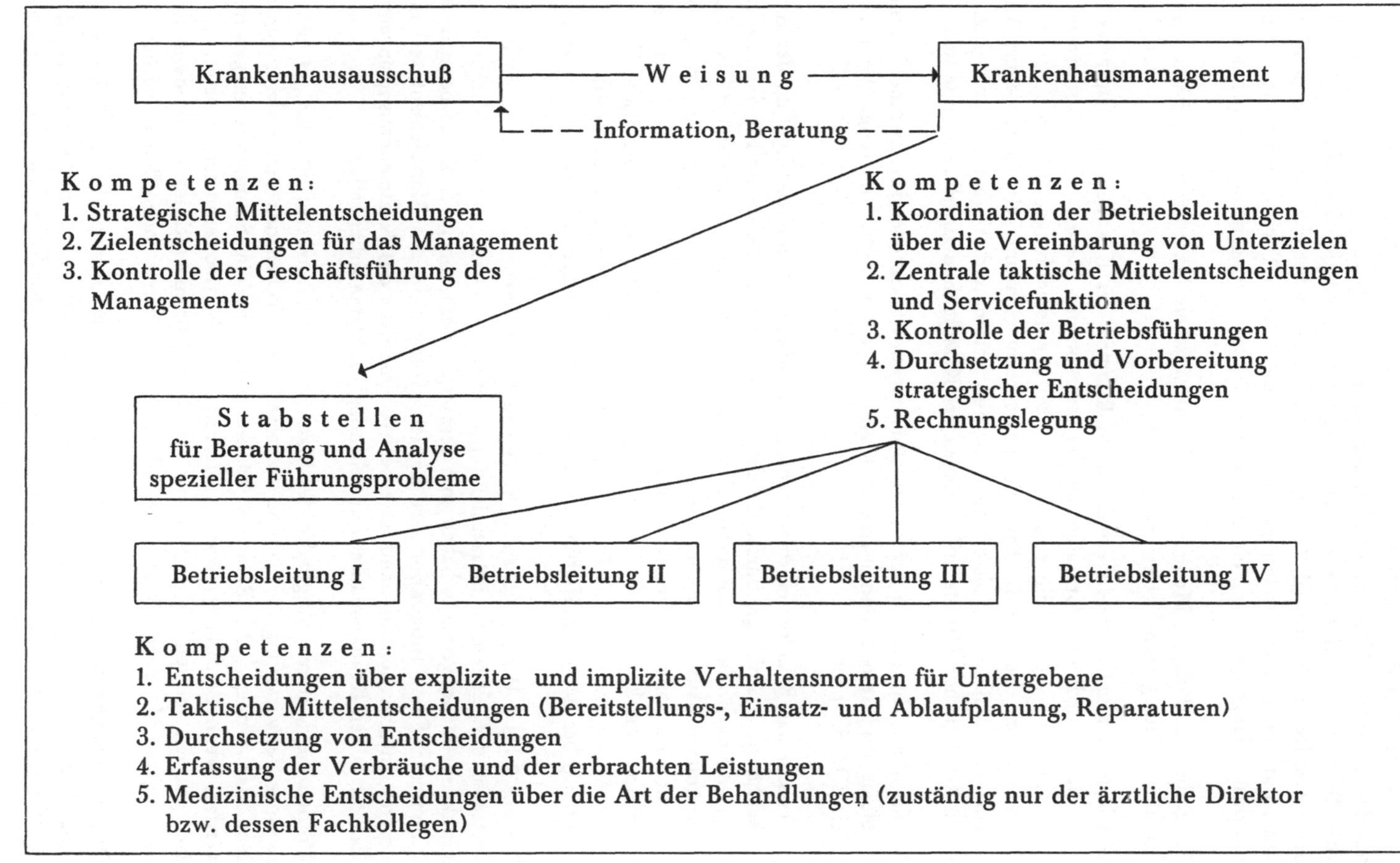

Aufgabe des Krankenhausmanagements ist es in erster Linie, dem Wirtschaftlichkeitsdenken in der Krankenhausführung zum Durchbruch zu verhelfen – ökonomisches Prinzip in den Grenzen der kategorialen medizinischen Ziele. Aus diesem Grunde sollte die Mehrzahl des aus 2 bis 4 Personen bestehenden engeren Managements mit ökonomisch geschulten Personen besetzt sein. Für die Wahrung der medizinischen Belange genügt es, einen Mediziner in das Management aufzunehmen.

Der geringe Einfluß der Mediziner in diesem Entscheidungsgremium erscheint aus drei Gründen heraus gerechtfertigt:

(1) Die medizinischen Belange werden im Rahmen des Krankenhausausschusses hinreichend durch die Formulierung der kategorialen Ziele – Qualitätsnormen der Leistungen – sowie die strategischen Mittelentscheidungen gewahrt, so daß es im Rahmen des Krankenhausmanagements nur darum geht, durch einen Mediziner die Einhaltung dieser Ziele zu überprüfen und Vorbereitungsarbeiten für die strategischen Mittelentscheidungen des Krankenhausausschusses zu leisten.

(2) Die Mehrzahl der im Krankenhausmanagement anstehenden Entscheidungsprobleme sind rein ökonomischer Art und erfordern nicht unbedingt die Präsenz eines Mediziners.

(3) Da sich das Krankenhausmanagement hauptberuflich mit der Leitung der Krankenhäuser beschäftigt, dürfte es schwierig sein, einen Mediziner für diese Stellung zu gewinnen, da es ihm dann nicht mehr möglich wäre, seinen eigentlichen Beruf auszuüben. Aus diesem Grunde ist daran zu denken, dem Mediziner im Management eine Sonderstellung einzuräumen, die ihm die Ausübung seines Berufes gestattet. Das könnte z. B. in der Form geschehen, daß der medizinische Vertreter im Management innerhalb eines feststehenden Turnus abgelöst wird oder daß er sich bei der Geschäftsführung durch einen Kollegen vertreten lassen kann.

Das aus 2 bis 4 Personen bestehende engere Management wird durch je ein bis zwei Vertreter der einzelnen Betriebsleitungen ergänzt. Diese weiteren Mitglieder des Krankenhausmanagements haben nur beratende Funktionen, d. h., sie besitzen kein Stimmrecht. Diese Integration der Betriebsleitungen in das Management soll einen besseren Informationsfluß und eine bessere Übersicht des Krankenhausmanagements über die in den Krankenhäusern anstehenden Probleme sicherstellen.

Würden die weiteren Mitglieder des Managements Stimmrecht erhalten, so käme es zu einer Verwässerung der Kompetenzverteilung zwischen den Betriebsleitungen und dem Management. Die Beratung könnte jedoch in ein Stimmrecht umgewandelt werden, wenn Beschlüsse anstehen, die nicht alle Betriebsleitungen gemeinsam, sondern nur ein spezielles Krankenhaus betreffen. Stimmberechtigt wären dann neben dem engeren Management auch die Delegierten der betreffenden Betriebsleitung.

Dem Krankenhausmanagement sind Mitarbeiter zuzuordnen, die es bei der Ausführung seiner Funktionen unterstützen. Insbesondere ist dabei an die Einrichtung von Stabsstellen gedacht, die sich mit speziellen Problemen der Führung, Problemen des

Rechnungswesens und dem Einsatz der EDV beschäftigen und die auch von den Betriebsleitungen für die Lösung anstehender Probleme zu Rate gezogen werden können.

③ *Krankenhausausschuß*

Der Krankenhausausschuß ist als ständiger Ausschuß des Trägers einzurichten. Er muß ein Beschlußgremium sein. Es genügt nicht, diesen Ausschuß mit Beratungsfunktionen für den Träger auszustatten. Die Konstitution des Krankenhausausschusses als Beschlußgremium erscheint aus folgenden Gründen heraus erforderlich:

(1) Die Mitglieder des Krankenhausausschusses verfügen über einen besseren Informationsstand über die anstehenden Probleme, als das bei Personen des Trägers der Fall ist, die diesem Ausschuß nicht angehören. Wäre der Krankenhausausschuß nur ein Beratungsgremium, müßten die erforderlichen Informationen an den Träger weitergereicht werden, damit er sachgerechte Beschlüsse fassen kann. Das erfordert vom Träger eine zeitraubende Einarbeitung in die jeweilige Materie. Dieser Weg erscheint zu umständlich, und er birgt die Gefahr nicht sachgerechter Entscheidungen in sich, da sich der Krankenhausträger allein aus Zeitgründen nicht mit der Intensität in die Probleme einarbeiten kann, wie das für die Mitglieder des Krankenhausausschusses möglich ist.

(2) Innerhalb des Krankenhausausschusses besteht die Chance einer sachlichen Auseinandersetzung über die anstehenden Probleme. Würden die Entscheidungen durch den Krankenhausträger selbst getroffen, für den die Krankenhausleitung nur eine von vielen Aufgaben darstellt, besteht die Gefahr einer Politisierung der Entscheidungen. Diese Gefahr ist insbesondere bei kommunalen Krankenhäusern gegeben. Hier ist zu befürchten, daß die Gemeindevertretungen in das Krankenhaus in unsachgemäßer Weise hineinregieren.

Der Krankenhausausschuß setzt sich zu 50 % aus Mitgliedern zusammen, die den Krankenhäusern des Trägers angehören (interne Mitglieder). Weitere 50 % sind externe Mitglieder. Zu den internen Mitgliedern müssen Vertreter aller Interessengruppen im Krankenhaus (Medizin, Verwaltung, Pflege) gehören. Nur bei einer hinreichenden Beteiligung der Angehörigen des Krankenhauses am Ausschuß dürfte es gelingen, ein Zielsystem für das Krankenhaus zu entwickeln, mit dem sich alle Mitglieder des Krankenhauses identifizieren können. Die Mitwirkung der Organisationsteilnehmer des Krankenhauses an den Entscheidungsprozessen des Ausschusses dürfte eine nicht zu unterschätzende Motivationsfunktion erfüllen.

Zur Wahrung der medizinischen und wirtschaftlichen Belange setzt sich der Ausschuß insgesamt zu je einem Drittel aus Medizinern und ökonomisch geschulten Personen zusammen. Unter den noch fehlenden Mitgliedern sollten sich Experten für alle den Ausschuß beschäftigenden Fragen befinden. Zu den externen Mitgliedern des Krankenhausausschusses sollten insbesondere 1 bis 2 Vertreter der Krankenkassen der Sozialversicherung gehören. Durch diese Besetzung des Ausschusses soll über eine Erschwerung der Blockbildung die Voraussetzung für sachliches Arbeiten geschaffen werden.

Diese Beteiligung der Kassen an der Führung der Krankenhäuser hat folgenden Zweck: Das gegenwärtige Preisrecht der Krankenhäuser bindet die Pflegesätze an die Verordnungsselbstkosten und die finanzielle Leistungsfähigkeit der Kassen. Bedingt durch die Divergenzen zwischen den Verordnungsselbstkosten und den betriebswirtschaftlichen Kosten einerseits und die auf eine begrenzte finanzielle Leistungsfähigkeit zurückzuführende Weigerung der Kassen andererseits, die Pflegesätze voll an die steigenden Verordnungsselbstkosten anzupassen, entstehen bei den Krankenhäusern hohe Kostenunterdeckungen. Kostenunterdeckungen ziehen langfristige finanzielle Defizite nach sich, die entweder vom Träger durch Zuschüsse abgedeckt werden oder bei fehlender Finanzkraft der Träger zu einer qualitativen Verschlechterung der Leistungen im Krankenhaus führen. In einer Reform des Preisrechtes muß diese doppelte Bindung der Pflegesätze aufgegeben werden. Vielmehr sind die betriebswirtschaftlichen Kosten zu erstatten, wenn die Wirtschaftlichkeit der Leistungserstellung nachgewiesen wird und die Qualität der Krankenhausleistungen als kostenbestimmender Faktor mit den Kassen abgestimmt wird. Sowohl der Nachweis der Wirtschaftlichkeit als auch die Abstimmung der kategorialen Ziele der Krankenhausführung dürfte am ehesten gelingen, wenn die Kassen am Entscheidungsprozeß der Krankenhäuser beteiligt werden und Mitverantwortung für die Wirtschaftlichkeit der Krankenhausführung tragen.

Die internen Mitglieder des Ausschusses sind durch die Angehörigen des Krankenhauses – evtl. in Gruppenwahlen – zu bestimmen, während die externen Mitglieder des Ausschusses vom Träger zu bestellen sind. Der Leiter des Ausschusses sollte möglichst weder Mediziner noch Ökonom sein, um bei auftretenden Zielkonflikten vermitteln zu können. Zu den Beratungen des Krankenhausausschusses ist das Krankenhausmanagement mit beratender Funktion heranzuziehen, um dem Krankenhausausschuß bessere Informationen über die Situation der Krankenhäuser zu vermitteln.

Die Mitgliedszeit der Angehörigen dieses Ausschusses sollte mindestens drei Jahre betragen. Zur Wahrung der Kontinuität der Arbeit ist bei dreijähriger Zugehörigkeit der einzelnen Mitglieder zum Ausschuß jeweils nach eineinhalb Jahren die Hälfte der Mitglieder auszuwechseln.

b) Die Kompetenzverteilung auf die Organe der Krankenhausführung

1. Die Kompetenzen des Krankenhausausschusses

Eine Begründung für die Verteilung der Kompetenzen auf die einzelnen Führungsorgane des Krankenhauses braucht an dieser Stelle nicht mehr gegeben zu werden, sofern sich diese Kompetenzverteilung zwangsläufig aus den beim Zielbildungsprozeß diskutierten Problemen ergibt. Zu diesen zwangsläufig beim Krankenhausausschuß liegenden Kompetenzen gehören die strategischen Mittelentscheidungen, der Zielbildungsprozeß und die aus der Delegation von Entscheidungskompetenzen an das

Krankenhausmanagement folgende Kontrolle der Geschäftsführung. Zu klären ist noch, was im einzelnen unter diesen drei Kompetenzen zu verstehen ist.

1.1 Strategische Mittelentscheidungen

Zu den strategischen Mittelentscheidungen gehören alle Maßnahmen, die die Geschicke des Krankenhauses langfristig und nachhaltig beeinflussen. Insbesondere sind Investitionsvorhaben ab einer bestimmten Größenordnung, die Personalpolitik für die Besetzung der Führungsorgane des Krankenhauses und strukturorganisatorische Maßanhmen zu diesen strategischen Mittelentscheidungen zu rechnen.

Die Investitionspolitik für Neu-, Um- und Erweiterungsbauten sowie für die Anschaffung hochwertiger medizinischer Geräte wird im allgemeinen vom Krankenhausausschuß durchzuführen sein, wenn diese Investitionen einen bestimmten Anschaffungsbetrag oder bestimmte Folgelasten überschreiten. Die Zuständigkeit für diese Investitionsentscheidungen wird der Krankenhausausschuß nicht delegieren, da es ihm – wie dargelegt – nicht gelingen wird, für diesen Bereich der strategischen Mittelentscheidungen Ziele aufzustellen.

Die Höhe des Geldbetrages, von dem ab der Ausschuß für die Investitionspolitik zuständig ist, muß der Ausschuß selbst durch eine strukturorganisatorische Entscheidung festlegen. Auch in den Fällen, in denen der Ausschuß für die Investitionspolitik zuständig ist, muß dem Krankenhausmanagement ein Initiativrecht für Investitionsvorhaben eingeräumt werden.

Die Zuständigkeit des Ausschusses im Bereich der Personalpolitik umfaßt neben der Einstellung des Krankenhausmanagements, der Betriebsleitung sowie der leitenden Ärzte die Stellen- und Gehaltspolitik. Hingegen erscheint es nicht zweckmäßig, die Besetzung von Stellen mit beratender oder überwiegend ausführender Tätigkeit unter den Kompetenzbereich des Ausschusses zu subsumieren. Dieser Teil der Personalpolitik ist vielmehr an das Krankenhausmanagement zu delegieren.

Zu den strukturorganisatorischen Kompetenzen des Ausschusses gehören z. B.:

(1) Die Verteilung der Kompetenzen auf den Krankenhausausschuß, das Krankenhausmanagement und die Betriebsleitungen. Im Investitionsbereich erfolgt diese Festlegung der Kompetenzen z. B. durch die Festsetzung von Investitionsgrenzen für die Betriebsleitung und für das Krankenhausmanagement.

(2) Die Festlegung der Größe und der Besetzung des Krankenhausmanagements und der Betriebsleitungen.

(3) Die Art und der Umfang der Geschäftsführungskontrollen des Managements.

1.2 Zielbildungsprozeß

Zum Zielbildungsprozeß gehören – wie bereits diskutiert – die Auswahl des Aktionsfeldes für die einzelnen Krankenhäuser. Dabei ist einmal darauf zu achten, daß die Sachziele der Krankenhäuser, die dem Krankenhausausschuß unterstehen, koordiniert sind, zum anderen ist aber auch eine Abstimmung der Sachziele mit den

Krankenhäusern anderer Träger anzustreben. Im Bereich der Zielbildung wäre der Ausschuß weiterhin zuständig für die Festlegung des Niveaus der kategorialen Ziele – Qualitätsnormen der Leistungen – und die Vereinbarung des Niveaus der ökonomischen Ziele, die für die Geschäftspolitik des Krankenhausmanagements maßgeblich sein sollen. Die Festlegung dieser Ziele hat im Wege eines partizipativen Führungsstiles zu erfolgen.

1.3 Kontrolle der Geschäftsführung

Zur Kontrolle der Geschäftsführung gehört die Überprüfung des vom Management realisierten Zielerreichungsgrades sowie die Beurteilung des vorgelegten Geschäftsabschlusses. Bei ordnungsgemäßer Geschäftsführung, d. h. bei einer Abweichung des Ist- vom Sollzielerreichungsgrad, die innerhalb der vorgegebenen Toleranzgrenzen liegt, ist das Management durch den Ausschuß zu entlasten. Überschreitet die Abweichung des Zielerreichungsgrades diese Toleranzgrenze, sind die Ursachen für die Abweichung zu ergründen. Eine Entlastung des Managements ist zu versagen, wenn die Abweichungen ihre Ursache in schwerwiegenden Fehlern des Managements haben. Im Rahmen der Kontrollkompetenzen sind durch den Ausschuß Art, Umfang und Häufigkeit der Kontrollen festzulegen. Die Kontrollkompetenzen des Ausschusses gelten wie die Weisungsbefugnisse nur gegenüber dem Krankenhausmanagement. Der Ausschuß ist gegenüber den Betriebsleitungen nicht weisungsberechtigt (Prinzip der Einheitlichkeit der organisatorischen Unterstellung).

2. Die Kompetenzen des Krankenhausmanagements

Die Zuständigkeit des Krankenhausmanagements umfaßt fünf Bereiche:

1. Koordination der Betriebsleitungen über die Vereinbarung von Unterzielen für die Betriebsleitungen;
2. zentrale taktische Mittelentscheidungen und Servicefunktionen;
3. Kontrolle der Betriebsleitungen durch Überwachung von Zielabweichungen;
4. Durchsetzung und Vorbereitung strategischer Entscheidungen des Krankenhausausschusses;
5. Rechnungslegung für alle Betriebsleitungen.

Unter diesen fünf Kompetenzbereichen ist im einzelnen folgendes zu verstehen:

Zu 1:

Das Krankenhausmanagement führt die Betriebsleitungen über implizite Verhaltensnormen. Durch diese Verhaltensnormen sind die dezentralen Entscheidungsbereiche auf das Organisationsziel hin zu koordinieren. Für diese Koordination ist es erforderlich, aus dem Organisationsziel, das durch den Krankenhausausschuß vorgegeben ist, Unterziele für die einzelnen Betriebsleitungen abzuleiten. Diese Unterziele erstrecken sich lediglich auf die ökonomischen Zielgrößen, da das Betätigungsfeld der einzelnen Krankenhäuser (Sachziele) sowie die kategorialen Ziele (Qualitätsanforderungen an die Leistungen) bereits durch den Krankenhausausschuß bestimmt sind. Die Ableitung der Unterziele hat entsprechend den Prinzipien des Managements by objectives[4] auf dem Wege eines partizipativen Führungsstiles zu erfolgen und sollte zur Vereinbarung eines befriedigenden Zielniveaus führen. Durch die Delegation von Entscheidungskompetenzen an die Betriebsleitungen und die Vereinbarung befriedigender Zielniveaus wird das komplexe Problem der Führung von Krankenhäusern in mehrere isolierte und überschaubare Teilprobleme zerlegt, deren Lösungen durch das vereinbarte Zielniveau befriedigend koordiniert sind.

Zu 2:

Die zentral vom Management für die Betriebsleitungen auszuübenden Mittelentscheidungen betreffen insbesondere die Beschaffungs- und Personalpolitik. Hinzu tritt die Genehmigung von Investitionen, die hinsichtlich des Investitionsbetrages zwischen den Limits der Betriebsleitungen und des Krankenhausmanagements liegen. Zentral könnten auch absatzpolitische Bemühungen geplant werden (z. B. Pflege der Kontakte zu den niedergelassenen Ärzten als Bedarfsbestimmern, Vereinbarung von Pflegesätzen mit den Krankenhäusern als Kaufkraftträgern).

Über die Zusammenfassung des weitgehend gleichartigen Bedarfs mehrerer Krankenhäuser an medizinischen Geräten, Arzneimitteln, Lebensmitteln usw. und die zentrale Beschaffungspolitik wird einmal die Marktposition des Krankenhauses gestärkt, so daß es möglich ist, günstigere Beschaffungskonditionen am Markte zu erreichen, als das für das einzelne Krankenhaus möglich ist. Zum anderen wird durch die Zentralisation die Voraussetzung für eine kapital- und kostensparende Beschaffungs- und Lagerpolitik mit Hilfe wissenschaftlicher Methoden geschaffen. Die Zentralisation der Beschaffungspolitik darf jedoch zu keiner Beeinträchtigung der Flexibilität des Beschaffungswesens bei den einzelnen Krankenhäusern führen, d. h., die einzelnen Krankenhausleitungen sollen weitgehend bestimmen können, was zu beschaffen ist, und sie sollten auch den auftretenden Bedarf ermitteln. Die Betriebsleitungen geben ihre Bedarfsanforderungen lediglich an das Management statt an die Lieferanten. Die Belieferung der Krankenhäuser erfolgt nach wie vor durch die einzelnen Lieferanten. Eine zentrale Lagerhaltung durch das Krankenhausmanagement dürfte sich in aller Regel aus Kostengründen nicht empfehlen.

Eine zentrale Personalpolitik für alle Stellen, die nicht durch den Krankenhausausschuß besetzt werden, ist aus Gründen der Arbeitsvereinfachung zweckmäßig. Die zentrale Personalpolitik erstreckt sich auf die Stellenbesetzung und die Gehaltsabrechnung. Im Rahmen der zentralen Personalpolitik hat auch die Planung des Personalbedarfs sowie die Planung der Schulung des vorhandenen Personals zu erfolgen.

Als zentralen Service sollte das Krankenhausmanagement den einzelnen Betriebsleitungen Stabsstellen für die Analyse technischer und ökonomischer Probleme – z. B. für Ablaufstudien, EDV-Programme, Versorgungssysteme usw. – vorhalten. Diese Stabsstellen sind mit Kräften zu besetzen, die sich mit modernen Planungstechniken auskennen. Das einzelne Krankenhaus würde sich derartige Arbeitskräfte – wie die Praxis zeigt – nicht leisten können, weil sie nicht hinreichend ausgenutzt

---

4) Vgl. z. B. Odiorne, G. S., Management by Objectives, München 1967.

5 Adam, Krankenhaus

werden können. Werden die entsprechenden Funktionen jedoch in Zentralstellen beim Krankenhausmanagement zusammengefaßt, ist eine Auslastung jederzeit möglich, und es wird ein wesentlicher Beitrag zur Verbesserung des Planungs- und Informationswesens im Krankenhaus geleistet.

Zu den zentralen Service-Funktionen des Krankenhausmanagements ist insbesondere die Installation einer EDV-Anlage zu rechnen, die für die einzelnen Krankenhäuser im ökonomischen und medizinischen Bereich einzusetzen ist. Über eine zentrale EDV-Anlage sollte z. B. für den ökonomischen Bereich die Gehaltsabrechnung, die Buchhaltung und Kostenrechnung sowie das Schreiben der Rechnungen abgewickelt werden. Im medizinischen Bereich ist insbesondere an die Speicherung der Daten über die Patienten zu denken, um einen schnelleren und sichereren Informationsfluß sowie eine rationellere Erstellung der Krankengeschichten zu ermöglichen. Als zentraler Service auf dem medizinischen Bereich ist auch an diagnostische Hilfen sowie an Hilfen im operativen Bereich zu denken, soweit sich EDV-Anlagen für diesen Bereich heute bereits einsetzen lassen.

Verbesserte Planungstechniken sowie ein Vordringen leistungsfähiger EDV-Anlagen in der Krankenhausführung haben die Zusammenfassung mehrerer Krankenhäuser in einem Krankenhausmanagement und die zentrale Vorhaltung von entsprechenden Stabsabteilungen zur Voraussetzung, da die Betriebsgrößen der einzelnen Krankenhäuser eine sinnvolle Auslastung sowohl des Personals als auch der Geräte in aller Regel nicht gestatten.

Zu 3:

Die Kontrolle der Betriebsführung erfolgt über einen Vergleich der vereinbarten Unterziele mit den effektiven Zielerreichungsgraden. Liegen die Abweichungen zwischen Soll und Ist innerhalb vereinbarter Toleranzgrenzen, erfordert das nicht das Eingreifen des Managements. Bei Überschreitungen der Toleranzgrenzen nach unten müssen die Betriebsleitungen die Ursachen für die Abweichungen aufdecken, damit überprüft werden kann, ob diese Ursachen durch die Betriebsleitungen zu vertreten sind. Einmalige zu vertretende negative Abweichungen sollten jedoch noch keine Sanktionen von seiten des Managements zur Folge haben. Häufen sich die Abweichungen allerdings, muß das Management die Kompetenzen der einzelnen Betriebsleitungen u. U. reduzieren, da letztlich das Management gegenüber dem Krankenhausausschuß für eine ordnungsgemäße Geschäftsführung verantwortlich zeichnet. Die Kontrolle sollte mehrmals innerhalb einer Abrechnungsperiode durchgeführt werden, da jährliche Überprüfungen des Zielerreichungsgrades keine rechtzeitigen Eingriffe bei aufgetretenen Zielabweichungen ermöglichen.

Zu 4:

Das Krankenhausmanagement ist an den strategischen Entscheidungen des Krankenhausausschusses in zweifacher Weise beteiligt. Einmal sind die vom Krankenhausausschuß zu fällenden Entscheidungen vorzubereiten, d. h., das Management unterbreitet Lösungsvorschläge und stellt die erforderlichen Informationen zusammen. Dem Krankenhausmanagement steht somit ein Initiativrecht für die strategischen Entscheidungen zu. Sind die strategischen Entscheidungen durch den Krankenhausausschuß getroffen, obliegt es dem Krankenhausmanagement, diese Beschlüsse zu realisieren. Es müssen dann z. B. Detailplanungen aufgestellt werden. Zu diesen Detailplänen zählen z. B. beim Neubau eines Krankenhauses der Entwurf von Funktionsprogrammen für Verpflegung, Güterversorgung und technische Dienste sowie die entsprechenden Raum- und Personalprogramme, der Entwurf von Terminplänen für den Bau und den Umzug. Zur Realisation der Beschlüsse des Krankenhausausschusses gehören auch die Überprüfung der Terminpläne am jeweiligen Ist-Zustand der Durchsetzung.

Zu 5:

Das Rechnungswesen der Krankenhäuser ist zu zentralisieren, da es ähnlich wie bei den Servicefunktionen nur auf diesem Wege möglich ist, leistungsfähige, geschulte Mitarbeiter einzusetzen, die diese Arbeiten unter Einsatz von EDV-Anlagen bewältigen. Jedes einzelne Krankenhaus könnte sich nicht die Arbeitskräfte und die Anlagen zulegen, die für die Unterhaltung eines leistungsfähigen Rechnungswesens erforderlich sind, da diese Produktionsfaktoren durch das einzelne Krankenhaus nicht ausgelastet werden könnten.

Die zu zentralisierenden Teile des Rechnungswesens umfassen:

(1) Einnahmen- und Ausgabenrechnung einschließlich der Erstellung der Rechnungen für die erbrachten Leistungen. Ferner ist der Kassenverkehr für alle Krankenhäuser zentral abzuwickeln. Für die einzelnen Krankenhäuser sollten jedoch Handkassen zugelassen werden.

(2) Aufwand und Ertragsrechnung einschließlich Vermögensrechnung.

(3) Kostenrechnung.

Dezentral erfolgt die Erfassung der Verbräuche und der erbrachten Leistungen. Den einzelnen Betriebsleitungen sind die für die Führung notwendigen Kosten- und Leistungsziffern sowie die Aufwands- und Ertragswerte periodisch zur Verfügung zu stellen, um ihr einen aktuellen Überblick über den Zielerreichungsgrad zu ermöglichen. Durch die Zentralisation des Rechnungswesens beim Management wird dem Management insbesondere auch die laufende Kontrolle der Betriebsleitungen erleichtert, da die erforderlichen Informationen schnell zur Verfügung stehen und durch die Betriebsleitungen nicht gefiltert werden können. Die Form des Rechnungswesens ist für alle Krankenhäuser eines Trägers zu vereinheitlichen, um die gleichen EDV-Programme einsetzen zu können und um die Basis für einen besseren zwischenbetrieblichen Vergleich zu schaffen.

3. Die Kompetenzen der Betriebsleitung

Die Betriebsleitungen sind in erster Linie für die Durchsetzung der Entscheidung ihr vorgelagerter Instanzen und für die Erfassung der Faktorverbräuche sowie der erbrachten Leistungen zuständig. Echte Entscheidungskompetenzen kommen ihr außer im medizinischen Bereich bei der Bereitstellungsplanung der erforderlichen Materialien, bei der Einsatzplanung der Produktionsfaktoren – z. B. Personaleinsatz, Ein-

5*

satz der Geräte in den Versorgungseinrichtungen – sowie der Ablaufplanung für Versorgungssysteme zu. Daneben ist sie für Reparatur-, Wartungs- und kleine Investitionsdispositionen zuständig.

Soweit die Betriebsleitung Aufgaben an die ihr unterstellten Organisationsteilnehmer delegiert, gehört es auch mit zu ihrem Aufgabengebiet, implizite oder explizite Verhaltensnormen zu entwickeln, die den Organisationsteilnehmern ein zielgerichtetes Handeln ermöglichen. Dabei ist darauf zu achten, daß diese Verhaltensnormen im Einklang mit dem Betriebsziel stehen, d. h. zu wirtschaftlichem Handeln führen. Die Delegation eigenverantwortlich wahrzunehmender Entscheidungskompetenzen an nachgeordnete Organisationsteilnehmer dürfte insbesondere im medizinischen Bereich und im Bereich der Pflege sinnvoll sein. Für die wirtschaftlichen Bereiche der Betriebsleitung erscheint eine Delegation von Entscheidungskompetenzen kaum zweckmäßig, da hier unterhalb der Ebene der Betriebsleitung die ausführenden Arbeiten überwiegen.

Eine Leitung nach ökonomischen Kriterien ist der Betriebsleitung allerdings nur möglich, wenn das gegenwärtig übliche Chefarzt-System, das den Ärzten eine große Autonomie einräumt, modifiziert wird. Die an keine ökonomischen Kriterien gebundene Autonomie der Chefärzte steht dem Wirtschaftlichkeitsprinzip entgegen, da die Chefärzte, bedingt durch die vertraglich eingeräumte Unabhängigkeit bei medizinischen Entscheidungen, nicht gehalten sind, die ökonomischen Konsequenzen ihrer Entscheidungen zu berücksichtigen. Die Stellung der leitenden Krankenhausärzte ist dahingehend zu ändern, daß sie auch für die ökonomischen Rückwirkungen ihres Handelns mitverantwortlich sind. Nur so wird es möglich sein, dem Wirtschaftlichkeitsdenken in den aufgezeigten Grenzen der kategorialen Ziele bei der Krankenhausleitung zum Durchbruch zu verhelfen. Erst über diese vertraglich zu vereinbarende Bindung der Autonomie an die ökonomischen Ziele des Krankenhauses ist es der Betriebsleitung möglich, im medizinischen Bereich ökonomische Unterziele – implizite Normen – für das autonome Handeln mit den leitenden Ärzten zu vereinbaren.

Eine der Hauptaufgaben der Betriebsleitung ist es, die Wirtschaftlichkeit der Betriebsabläufe zu sichern und zu überwachen und Ideen für eine Verbesserung der Wirtschaftlichkeit in diesem Bereich zu entwickeln. Der Zuständigkeitsbereich der Betriebsleitungen deckt sich damit weitgehend mit dem Aufgabengebiet der Werksleitungen von Krankenhäusern, die nach der Eigenbetriebsverordnung geführt werden. Der Unterschied zu den Krankenhäusern, die nach der Eigenbetriebsverordnung geführt werden, liegt vor allem im Führungsstil und in der stärkeren Ausrichtung der Führung auf ökonomische Kriterien.

c) Die Möglichkeiten zur Verwirklichung des Organisationsmodells

Die Chancen zur Verwirklichung des vorgestellten organisatorischen Grundmodells sind heute durchaus gegeben. Einige Entwicklungen in der Praxis tendieren bereits in die Richtung dieses Organisationsmodells. So sind z. B. einige Elemente der Kompetenzverteilung bereits in dem seit 1970 praktizierten Konzept der Krankenhäuser des Kreises Lüdenscheid verwirklicht. Elemente des dem Organisationsmodell zugrundeliegenden Führungsstils sind hingegen in dem Organisationsmodell des gemeinnützigen Vereins zur Entwicklung von Gemeinschaftskrankenhäuser e. V. (Herdecke) enthalten.

Eine Chance zur Verwirklichung des vorgestellten Organisationskonzepts ist insbesondere gegeben, weil dieses Konzept nicht an bestimmte Rechtsformen gebunden ist. Das Konzept läßt sich mit einem rechtlich verselbständigten Krankenhausmanagement und wirtschaftlich weitgehend selbständigen Betriebsführungen genauso verwirklichen, wie mit einem rechtlich unselbständigen Management. Entscheidend für das vorgelegte Konzept ist nicht die Rechtsform, sondern die Trennung der Krankenhausleitung vom Träger, also die wirtschaftliche Unabhängigkeit der Krankenhausleitung und die verstärkte Ausrichtung der Führung auf ökonomische Kriterien. In welchem rechtlichen Rahmen das Konzept realisiert wird, ist von untergeordneter Bedeutung. Diese rechtliche Offenheit des Organisationsmodells macht es damit auch für die Führung kommunaler Krankenhäuser geeignet, da die Kommunen erfahrungsgemäß wenig geneigt sind, die Krankenhäuser rechtlich zu verselbständigen.

Ein besonderer Vorteil des vorgestellten Organisationsmodells liegt in der Einarbeitung moderner verhaltenstheoretischer Erkenntnisse, die sich in den Organisationen erwerbswirtschaftlicher Betriebe bereits bewährt haben. Nur wenn es gelingt, derartige verhaltenstheoretische Organisationselemente (partizipativer Führungsstil) mit in die Organisation des Krankenhauses einzuarbeiten, dürfte es möglich sein, Impulse für eine Krankenhausführung nach ökonomischen Kriterien zu geben und den bürokratischen Führungsstil abzubauen.

Voraussetzung für das Konzept des Krankenhausmanagements ist auch nicht unbedingt, daß ein Träger mehrere Krankenhäuser unterhält, für die die ökonomische Führung zusammengelegt wird. Die Zusammenlegung der Führung könnte auch durch eine Kooperation – z. B. Zweckverband – der Träger erfolgen.

IV. Diskussion einiger Schwerpunkte der Kostenplanung und Rationalisierung im Krankenhaus

a) Generelle Ansatzpunkte für eine Rationalisierung im Krankenhaus

Grundlegende Probleme der Krankenhausführung ergeben sich heute einmal durch die stark ansteigenden Kosten und zum anderen durch den zunehmenden Mangel an Personal, insbesondere im Pflegebereich. Alle Planungsbemühungen im Krankenhaus sollten sich verstärkt auf die Lösung oder Linderung dieser beiden Probleme konzentrieren.

Die starken Erhöhungen der Kosten in den letzten Jahren haben in zunehmendem Maße dazu geführt, daß sich die Krankenkassen der Sozialversicherung als Kaufkraftträger für ca. 90 % der im Krankenhaus behandelten Patienten gegen die Übernahme der Kosten wehren und Erhöhungen der Pflegesätze nicht in dem Umfange nachgeben, wie das der Kostenentwicklung entspricht. Zu dieser Weigerung sind die Sozialversicherungskassen durchaus berechtigt, da sich die Pflegesätze nach dem geltenden Preisrecht auf der Grundlage der Verordnungskosten und der finanziellen Leistungsfähigkeit der Kassen bestimmen. Als Folge der daraus resultierenden Kostenunterdeckungen treten bei den Krankenhäusern in wachsendem Maße finanzielle Defizite auf. Diese Defizite werden entweder durch Zuschüsse der Träger aufgefangen, oder die Krankenhäuser setzen langfristig die Leistungsqualität herab, wenn der Träger nicht über die Finanzkraft zur Deckung der Defizite verfügt.

Aus dieser Lage darf keineswegs die Forderung abgeleitet werden, das Preisrecht dahingehend zu ändern, daß unabhängig vom Wirtschaftlichkeitsgrad der Leistungserstellung den Versicherungsträgern die Pflicht zur Kostendeckung auferlegt wird. Letztlich wäre das nur über eine Erhöhung der Beiträge zur Sozialversicherung möglich und würde eine Abwälzung unwirtschaftlichen Gebarens der Krankenhäuser auf die Öffentlichkeit zur Konsequenz haben. Zwingend notwendig ist vielmehr, daß die Kosten gedeckt werden, wenn die Wirtschaftlichkeit des Verhaltens nachgewiesen und die Qualität der Leistungen der Krankenhäuser, die mit für die Höhe der Kosten bestimmend ist, zwischen den Krankenhäusern und den Trägern der Sozialversicherungen abgestimmt sind[1]. Die Krankenhäuser müssen durch das Preisrecht mehr als bislang gezwungen werden, die Kosten besser in den Griff und unter Kontrolle zu bringen.

Um dieses Ziel zu erreichen, muß die Kostenplanung eine zentrale Stellung im Rahmen der Krankenhausführung einnehmen. Aufgabe der Kostenplanung ist es insbe-

---

[1] Vgl. hierzu die vorgeschlagene Beteiligung der Sozialversicherung am Krankenhausausschuß.

sondere, durch kurz- und langfristig wirkende Maßnahmen die durchschnittlichen Kosten pro Patient zu senken. Die Kosten pro Patient werden außer von der nicht beeinflußbaren qualitativen Zusammensetzung des Krankengutes vom Durchschnittskostensatz pro Pflegetag und der Verweildauer der Patienten bestimmt. Einen entscheidenden Einfluß auf die Höhe der Kosten pro Pflegetag haben neben den Faktorpreisen die Beschäftigungs- bzw. Auslastungsgrade der Betriebsmittel (Gebäude, Bettenkapazitäten und hochwertiger medizinischer Geräte) sowie die Arbeitsproduktivitäten im Versorgungs- und Pflegebereich.

Im Mittelpunkt der Bemühungen zur Kostenplanung dürfen nicht in erster Linie die Kosten pro Pflegetag stehen. Entscheidend für das wirtschaftliche Verhalten der Krankenhausführung sind vielmehr die Kosten pro Patient bzw. die Kosten pro Periode für die Behandlung einer bestimmten Patientenzahl. Wird die Kostenplanung hauptsächlich auf die Kosten pro Pflegetag abgestellt, kommt es, wie im folgenden zu zeigen sein wird, zu betriebswirtschaftlichen Fehlentscheidungen, da Maßnahmen, die eine Senkung der Kosten pro Patient bewirken, durchaus mit einer Erhöhung der durchschnittlichen Kosten pro Pflegetag einhergehen können.

Eine Verbesserung der Kostensituation pro Patient ist insbesondere durch folgende Maßnahmen zu erreichen:

(1) Senkung der Verweildauer der Patienten;

(2) Verbesserung der Auslastungsgrade der Betriebsmittel;

(3) Erhöhung der Arbeitsproduktivitäten im Versorgungs- und Pflegebereich.

Neben dem Kostenproblem muß sich die betriebliche Planung besonders dem Problem der Personalknappheit im Pflege- und Versorgungsbereich verstärkt zuwenden. Die personalpolitischen Planungen müssen dabei unter zwei Aspekten stehen. Einmal sind die Arbeitsbedingungen so zu gestalten, daß die Berufe im Pflege- und Versorgungsbereich attraktiv sind. Nur bei attraktiveren Arbeitsbedingungen als gegenwärtig wird es gelingen, zusätzliche Arbeitskräfte, z. B. für die Krankenpflege, zu gewinnen. Der zweite Gesichtspunkt der „Personalpolitik" muß es sein, den Arbeitskräftebedarf durch Erhöhung der Arbeitsproduktivität zu senken. Insbesondere geht es darum, den durchschnittlichen Bedarf an Arbeitskräften bzw. Arbeitszeit pro behandelten Patienten zu reduzieren. Dieses Ziel ist einmal durch eine Senkung der Verweildauer, zum anderen aber auch durch Freisetzung von Arbeitskräften über einen verstärkten Einsatz von Betriebsmitteln und eine bessere Organisation der Arbeitsabläufe zu erreichen.

Insgesamt sind es damit für die Kostenplanung und die Personalpolitik vier Faktoren, die im Führungsprozeß des Krankenhauses eine stärkere Beachtung als bislang erfahren müssen:

(1) Die Verringerung der Verweildauer zur Senkung der Kosten und des Arbeitskräftebedarfs pro behandelten Patienten.

(2) Die Verbesserung der Auslastungsgrade der Betriebsmittel zur verstärkten Ausnutzung von Beschäftigungsdegressionen.

(3) Die Erhöhung der Arbeitsproduktivität zur Senkung der Kosten und des Arbeitskräftebedarfs pro Patient.

(4) Die Verbesserung der Arbeitsbedingungen, um den Berufen im Pflege- und Versorgungsbereich der Krankenhäuser ein größeres Potential an Arbeitskräften als heute zu erschließen.

Im Rahmen der folgenden Diskussion geht es insbesondere darum, Möglichkeiten zur Beeinflussung der Faktoren (1) bis (3) aufzuzeigen und die kurz- und langfristigen Konsequenzen auf die Kosten sowie die Personalsituation herauszuarbeiten. Ziel der folgenden Darstellung ist es jedoch nicht, die Ausgestaltung dieser Maßnahmen bis ins Detail hin zu beschreiben. Vielmehr soll die Kennzeichnung der ökonomischen Konsequenzen im Vordergrund stehen. Gleichwohl ist es im Rahmen weiterführender Arbeiten dringend notwendig, sich eingehende Gedanken über die Ausgestaltung dieser Rationalisierungsmaßnahmen zu machen.

b) Möglichkeiten und Wirkungen von Verweildauerverkürzungen

1. Der Einfluß der Verweildauer auf die Kosten und die Personalsituation

1.1 Die Kostenfunktion des Krankenhauses bei kurzfristigen Dispositionen (konstante Kapazitäten)

Für die Höhe der Kosten im Krankenhaus sind im wesentlichen drei Faktoren bestimmend[2]:

(1) Die von der Patientenzahl abhängigen Kosten für Diagnose, Therapie und Verwaltung. Hierbei handelt es sich um konstante Kosten pro Patient, die unabhängig von der Länge des Krankenhausaufenthaltes des Patienten anfallen. Die Höhe dieser Kosten wird von der Art der Krankheit und persönlichen Bedingungen des Kranken mitbestimmt. Für die folgende Kostendiskussion wird vereinfachend von einem konstanten durchschnittlichen Kostensatz pro Patient bei gegebener qualitativer Zusammensetzung des Krankengutes in einem Krankenhaus ausgegangen. Dieser Kostensatz wird mit dem Symbol (a) belegt. In diesem Kostensatz sind keine anteiligen beschäftigungsunabhängigen Kosten enthalten; vielmehr sind diese Kosten insgesamt in bezug auf die Patientenzahl variabel.

(2) Die variablen Kosten pro Pflegetag. Auch diese mit dem Symbol (b) belegten Kosten enthalten keine beschäftigungsunabhängigen Kostenbestandteile. Im wesentlichen handelt es sich bei diesen Kosten um die Verbräuche für Ernährung, Medikamente und Unterbringung, soweit diese Kosten in bezug auf die Pflegetage variabel sind. Die Höhe dieser Kosten hängt ebenfalls von der Art der

---

2) Zur Kostenanalyse vgl. auch Bischofberger, J., Ursachen von Kostenunterschieden in Krankenanstalten, ermittelt auf der Grundlage kostenanalytischer Untersuchungen am Beispiel der Kantonsspitäler St. Gallen und Winterthur, Diss. St. Gallen 1965.

Krankheit und persönlichen Bedingungen des einzelnen Patienten ab. Im folgenden soll wiederum vereinfachend von konstanten variablen Kosten pro Pflegetag ausgegangen werden. Diese Annahme eines konstanten durchschnittlichen Kostensatzes pro Pflegetag ist bei einer gegebenen qualitativen Zusammensetzung des Krankengutes gerechtfertigt.

(3) Die beschäftigungsunabhängigen Kosten pro Kalenderzeitraum für die Nutzung von Gebäuden und Betriebsmitteln. Mit zu diesen Kosten gehören auch die größten Teile der Personalkosten im Krankenhaus. Die bereitschafts- oder beschäftigungsunabhängigen Kosten hängen von der Betriebsgröße, also der Bettenzahl, und der Ausstattung des Krankenhauses ab. Vereinfachend wird davon ausgegangen, daß diese Kosten bei rückläufiger oder steigender Beschäftigung nicht verändert werden können. Die beschäftigungsunabhängigen Kosten mögen also keine sprungfixen Elemente enthalten. Für die beschäftigungsunabhängigen Kosten wird im folgenden das Symbol (F) verwendet.

Die relative Bedeutung, die den drei Kostenkomponenten an den Gesamtkosten des Krankenhauses zukommt, hängt neben der Bauart, dem Alter des Gebäudes, dem Leistungsfächer des Krankenhauses und der Verweildauer sowie der Qualität der Leistung entscheidend vom Beschäftigungsgrad des Krankenhauses ab. Im Durchschnitt dürften etwa 80 %[3] der Kosten zu den beschäftigungsunabhängigen Kosten zu rechnen sein. Dieser hohe Fixkostenanteil erklärt sich aus der Verpflichtung des Krankenhauses als Dienstleistungsbetrieb, stets eine volle Betriebsbereitschaft vorzuhalten. Der Prozentsatz der vom Pflegetag direkt abhängigen variablen Kosten beläuft sich auf knapp 8 % an den Gesamtkosten, während die von der Patientenzahl abhängigen Kosten gut 12 % ausmachen[4].

Für die Diskussion der Kostenauswirkungen von Verweildaueränderungen ist es erforderlich, drei Kostenfunktionen aufzustellen:

(1) Die Kostenfunktion pro Kalenderperiode (K_T).
(2) Die Funktion der durchschnittlichen Kosten (K_p) für jeden behandelten Patienten.
(3) Die Funktion der durchschnittlichen Kosten pro Pflegetag (K_t).

Die Kostenanalyse geht zunächst von einer kurzfristigen Planung aus, d. h., die Kapazitäten der Krankenhäuser werden als gegeben und nicht beeinflußbar angenommen. Konkret bedeutet das, daß von einer gegebenen Personalausstattung, einer gegebenen Anzahl von Betten und medizinischen Hilfsgeräten ausgegangen wird. In einem zweiten Teil wird die Kostenanalyse auf variable Kapazitäten ausgedehnt, um die langfristigen Auswirkungen von Verweilzeitänderungen analysieren zu können.

---

3) Vgl. auch DKI, Kosten und Leistungsstruktur im allgemeinen Krankenhaus, Düsseldorf, S. 33.

4) Diese Prozentsätze sind durch eine grobe Kostenspaltung der Positionen A des Selbstkostenblattes der Krankenhäuser gewonnen worden. Den Zahlen liegen die Selbstkostenblätter von 6 Krankenhäusern zugrunde. Bedingt durch den geringen Informationsgrad der gegenwärtigen Kostenrechnung der Krankenhäuser und die daraufhin nur grobe Kostenspaltung sind gegen die Exaktheit der Prozentsätze einige Vorbehalte zu machen. Die 6 der Kostenspaltung zugrundegelegten Krankenhäuser hatten einen Ausnutzungsgrad zwischen 88% und 95%.

Die kurzfristige Kostenfunktion in der Kalenderperiode T – z. B. symbolisiert T ein Jahr – hat die Form:

$$(1.1) \qquad K_T = \underbrace{a \cdot P}_{\substack{\text{patientenzahl-}\\\text{abhängige Kosten}}} + \underbrace{b \cdot P \cdot V}_{\substack{\text{pflegetage-}\\\text{abhängige Kosten}}} + \underbrace{F}_{\substack{\text{beschäftigungs-}\\\text{unabhängige Kosten}}}$$

In dieser Kostenfunktion bedeuten:

P = Anzahl der behandelten Patienten pro Periode
V = durchschnittliche Verweildauer
a = variable Kosten pro Patient
b = variable Kosten pro Pflegetag
F = beschäftigungsunabhängige Kosten pro Kalenderperiode

Das Produkt aus der Patientenzahl (P) und der Verweildauer (V) entspricht den geleisteten Pflegetagen. Die Pflegetage könnten auch als Produkt der Bettenzahl (B) des Krankenhauses, dem Bettennutzungsgrad (BN) als Ausdruck des Beschäftigungsgrades und der Zahl der Tage pro Jahr dargestellt werden[5].

$$(4.1) \qquad P \cdot V = 365 \cdot B \cdot BN(V)$$

Im Rahmen einer kurzfristigen Analyse mit gegebenen Kapazitäten und einer als konstant angenommenen Patientenzahl pro Krankenhaus ist der Bettennutzungsgrad von der Verweildauer abhängig [BN(V)], d. h., bei konstanter Kapazität und konstanter Anzahl der Patienten sinkt der Bettennutzungsgrad mit sinkender Verweildauer.

Aus der für kurzfristige Dispositionen gültigen Kostenfunktion pro Kalenderperiode leitet sich die Funktion der durchschnittlichen Kosten pro Patient ab, indem diese Funktion durch P dividiert wird.

$$(2.1) \qquad K_P = \frac{K_T}{P} = a + b \cdot V + \frac{F}{P}$$

Zur Funktion der durchschnittlichen Kosten pro Pflegetag gelangt man schließlich, indem die Kostenfunktion pro Patient (K_P) durch die Verweildauer (V) dividiert wird.

$$(3.1) \qquad K_t = \frac{K_P}{V} = \frac{a}{V} + b + \frac{F}{P \cdot V}$$

Wird die Verweildauer (V) jeweils als Variable der drei Kostenfunktionen betrachtet, zeigt sich, daß sowohl die Kosten pro Kalenderzeitraum als auch die pro Patient, bedingt durch den jeweils zweiten Term der Kostenfunktion, sinken, wenn die Verweildauer reduziert wird, d.h., eine sinkende Verweildauer erhöht die Wirtschaftlichkeit der Leistungserstellung.

---

5) Der Bettennutzungsgrad gibt das Verhältnis der genutzten zu den vorhandenen Bettenbelegungstagen an.

Die Verringerung der Kosten fällt allerdings bei kurzfristiger Betrachtung nicht sehr stark ins Gewicht, da den variablen, vom Pflegetag abhängigen Kosten nur eine geringe Bedeutung im Rahmen der Gesamtkosten zukommt. Dennoch sollten diese Kostenwirkungen nicht unterschätzt werden. Bei gegenwärtig ca. 7 DM bis 10 DM variablen Kosten pro Pflegetag wären bei einer durchaus möglichen Reduzierung der Verweildauer von 3 bis 4 Tagen Kosteneinsparungen von 20 DM bis 40 DM pro Patient erzielbar. Ein Krankenhaus für Akutkranke, das jährlich ca. 10 000 Patienten behandelt – das entspricht bei einer Verweildauer von durchschnittlich 18 Tagen, einer Bettennutzung von 300 Tagen des Jahres einem Krankenhaus mit rd. 600 Betten – könnten immerhin zwischen 200 000 DM bis 400 000 DM Kosteneinsparungen pro Jahr erzielt werden, was Einsparungen von 1 % bis 3 % der jährlichen Gesamtkosten entspricht.

Von den Gesamtkosten pro Kalenderperiode und den Kosten pro Patient aus beurteilt erweist sich eine Verkürzung der Verweildauer kurzfristig als vorteilhaft. Zu einem ganz anderen Urteil gelangt man jedoch, wenn die durchschnittlichen Kosten pro Pflegetag betrachtet werden. Sinkt die Verweildauer, entfallen bei gegebener Patientenzahl (P) auf den einzelnen Pflegetag größere Anteile der von der Patientenzahl abhängigen Kosten und der beschäftigungsunabhängigen Kosten, da bei konstanter Patientenzahl die Zahl der Pflegetage mit sinkender Verweildauer zurückgeht. Eine Verringerung der Verweildauer führt folglich zu steigenden Kosten pro Pflegetag. Vom Leistungsmaßstab „Pflegetage" her beurteilt, erweist sich eine sinkende Verweildauer damit als „unwirtschaftlich"[6].

Die geleisteten Pflegetage stellen jedoch nach dem gegenwärtigen Preisrecht der Krankenhäuser die Basis für die Abrechnung der erbrachten Leistungen dar. Verweildauerreduzierungen würden somit bei vereinbarten Pflegesätzen zu einer Verringerung der Gesamteinnahmen bei gleichzeitig steigenden Kosten pro Pflegetag führen. Die zentrale Bedeutung der Pflegetage für die Erlöse des Krankenhauses führt dazu, daß die bei Kürzungen der Verweildauer möglichen Kostensenkungen pro Patient nicht ausgenutzt werden, um Kostenunterdeckungen zu vermeiden. Ganz im Gegenteil werden die Krankenhäuser durch das unzweckmäßige Preisrecht dazu angeregt, die Verweildauer zu strecken, da sie auf diese Weise ihre Erlössituation verbessern können, während gleichzeitig bei steigenden Kosten pro Patient die Kosten pro Pflegetag sinken. Abbildung 4 veranschaulicht diesen Zusammenhang.

In Abbildung 4 gibt K_t die Kosten pro Pflegetag als Funktion der geleisteten Pflegetage an. In der letzten Abrechnungsperiode hat der Betrieb x_0 Pflegetage erbracht und mit den Krankenkassen der Sozialversicherung auf der Basis der im Selbstkostenblatt errechneten Kosten (K_{t0}) pro Pflegetag den Pflegesatz (E) vereinbart. Senkt das Krankenhaus in der nächsten Periode die Verweildauer und erbringt folglich bei gleicher Anzahl behandelter Patienten nur x_1 Pflegetage, steigen die Kosten pro Pflegetag, bedingt durch die geringere Beschäftigungsdegression und die variablen Kosten pro Patient, auf K_{t1} an. Die Kosten pro Pflegetag liegen dann um y DM pro Tag über dem Pflegesatz. Das Krankenhaus wird also aufgrund des Preisrechtes mit

---

6) Vgl. dazu Kapitel II, c, 3.

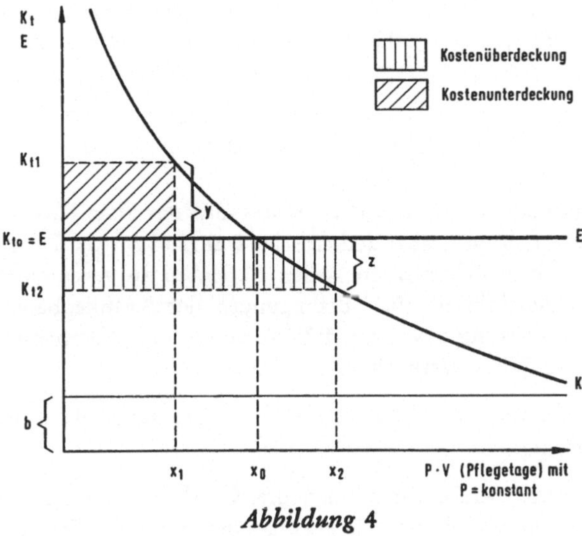

Abbildung 4

einem Defizit in Höhe von $y \cdot x_1$ bestraft, weil es über eine Senkung der Verweildauer die Wirtschaftlichkeit der Leistungserstellung – und dafür sind letztlich die Kosten pro Patient maßgeblich – erhöht hat. Tendiert das Krankenhaus jedoch dazu, über eine Streckung der Verweildauer (x_2) die Beschäftigungssituation zu verbessern, d. h., arbeitet es mit höheren Kosten pro Patient, sinken die Kosten pro Pflegetag auf das Niveau K_{t2} ab. Das Krankenhaus erzielt dann pro Pflegetag einen Überschuß von z DM und erwirtschaftet insgesamt einen Überschuß in Höhe von $z \cdot x_2$.

Diese Abbildung verdeutlicht, daß es letztlich der Preismechanismus der Krankenhäuser ist, der einer Verbesserung der Wirtschaftlichkeit über Verweildauersenkungen im Wege steht. Für die Wirtschaftlichkeit der Krankenhausführung sind letzten Endes die Kosten maßgeblich, die für die Behandlung eines Patienten im Durchschnitt aufzuwenden sind, und nicht die Kosten pro Pflegetag. Das ökonomische Ziel der Krankenhäuser muß es folglich sein, die Gesamtkosten für die Behandlung der Patienten in den Grenzen der kategorialen Ziele zu minimieren. Der Preismechanismus verhindert jedoch, daß dieses Ziel zum Tragen kommt.

Diese Analyse läßt eindeutig die Notwendigkeit einer Revision des Preisrechtes der Krankenhäuser erkennen. Das Preisrecht ist so zu gestalten, daß es das Streben nach Wirtschaftlichkeit in den Krankenhäusern unterstützt und ihm nicht im Wege steht. Eine Lösung des Problems wäre z. B. zu erreichen, wenn die Erlöse des Krankenhauses sowohl an die Zahl der behandelten Patienten als auch an die erbrachten Pflegetage gebunden werden. Über die Pflegetage sind dabei nur die variablen von den Pflegetagen direkt abhängigen Kosten abzudecken, während für die Abdeckung der variablen Kosten pro Patient sowie der beschäftigungsunabhängigen Kosten ein fixer Erlössatz pro Patient vergütet werden sollte. Für die Errechnung dieses Satzes ist jeweils die *Patientenzahl* heranzuziehen, die von einem Krankenhaus *in der letzten abgelaufenen Kalenderperiode* behandelt wurde. Von den Kosten der Kostenfunktion K_P

$$(2.1) \qquad K_P = b \cdot V + a + \frac{F}{P}$$

würde nach dieser Modifikation des Preisrechtes also der erste Kostenterm über einen pflegetagabhängigen Erlössatz abzudecken sein, während für die Deckung der Kostenterme 2 und 3 ein fixer Erlössatz für jeden Patienten zu vereinbaren ist. Beide Erlössätze sind nach den individuellen Bedingungen der Krankenhäuser (Versorgungsstufe, Qualität der Leistung usw.) zu differenzieren und sollten nur die Kosten abdecken, die bei guter Wirtschaftlichkeit entstehen.

Ein derartiges differenziertes Preissystem hätte gegenüber dem derzeitigen Preisrecht folgende Vorteile:

(1) Nach dem geltenden Preisrecht können die Krankenhäuser ihre beschäftigungsunabhängigen Kosten nur über die Pflegetage abdecken. Die Deckung der Fixkosten ist damit ganz entscheidend von der Verweildauer abhängig, d. h., Kürzungen der Verweildauer gefährden die Deckung der Fixkosten. Wird das Preisrecht dahingehend geändert, daß die Kostenkomponenten ($\frac{F}{P} + a$) der Kostenfunktion (2.1) über einen Kostenerstattungsbetrag pro Patient abgedeckt werden, während die Kostenkomponente ($b \cdot V$) ihre Deckung über die Verweildauer und damit die Pflegetage pro Patient erfährt, so hat die Verweildauer keinen Einfluß mehr auf die Deckung der Fixkosten. Ob es dem Krankenhaus gelingt, die Fixkosten zu decken, hängt dann allein von der behandelten Anzahl von Patienten ab. Das Krankenhaus muß sich folglich bemühen, möglichst viele Patienten bei gegebener Qualität der Leistungen zu behandeln.

Über eine Streckung der Verweildauer der Patienten werden dann lediglich die zusätzlichen von der Verweildauer direkt abhängigen Kosten gedeckt; es wird hingegen kein Beitrag zur Deckung der Fixkosten erwirtschaftet. Ganz im Gegenteil gefährdet ein Krankenhaus die Deckung der Fixkosten über eine Streckung der Verweildauer unter Umständen, wenn die Streckung dazu führt, daß Patienten abgewiesen werden müssen, da die zu lange Verweildauer zuviel Kapazitäten bindet[7]. Ein kombiniertes Preisrecht auf der Basis von zwei Erlöskomponenten (Patientenzahl und Verweildauer) steht damit der Minimierung der durchschnittlichen Kosten pro Patient nicht im Wege. Im Gegenteil wird dieses wichtige ökonomische Ziel gefördert. Über das Preisrecht würde dann ein Anreiz für wirtschaftliches Handeln im Krankenhaus gegeben.

(2) Die Bindung der Kostendeckung für die beschäftigungsunabhängigen Kosten an das Patientenaufkommen der letzten Kalenderperiode hat überdies einen weiteren betriebswirtschaftlichen Vorteil. Die Kostendeckung gelingt dem Krankenhaus nur, wenn das akquisitorische Potential des Hauses im Vergleich zu konkur-

---

7) Vgl. Formel (4.1).

rierenden Krankenhäusern zumindest gehalten wird. Sinkt das Potential durch Verschlechterung der Leistungsqualität, wird das Patientenaufkommen rückläufig, und das Geschäftsjahr wird mit einer Kostenunterdeckung abschließen. Über die Bindung des Erlössatzes an das Patientenaufkommen der letzten Periode gewinnt somit die Pflege des akquisitorischen Potentials eines Krankenhauses entscheidende Bedeutung. Das aber heißt, es wird ein Anreiz zur qualitativen Verbesserung der Leistungen gegeben, bzw. das Zielrichtungsniveau der kategorialen Ziele des Krankenhauses wird zunehmen.

Die mit Verbesserungen des Zielniveaus der kategorialen Ziele verbundenen Kostensteigerungen kann das Krankenhaus ganz oder zum Teil innerhalb der vereinbarten Pflegesätze auffangen, da mit steigenden Patientenzahlen die Beschäftigungsdegression ($\frac{F}{P}$) wirksam wird und der Erlössatz zur Abdeckung dieser Kosten die tatsächlichen Kosten dann übersteigt. Trotz der Qualitätsverbesserung kommt es immer dann nicht zu Kostenunterdeckungen, wenn die zusätzlichen Kosten der Qualitätsverbesserung pro Patient geringer sind als die zusätzliche Beschäftigungsdegression. Ein Beispiel möge das verdeutlichen. Die Zahlen des Beispieles sind bewußt unrealistisch gewählt, um die Tendenz des Effektes stärker aufzeigen zu können.

Bei beschäftigungsunabhängigen Kosten in Höhe von 1 200 DM mögen in der ersten Kalenderperiode 10 Patienten behandelt worden sein. Zur Abdeckung dieser Kosten ist dann ein Erlössatz von 120 DM pro Patient festzulegen. Durch eine Erhöhung des akquisitorischen Potentials steigt das Patientenaufkommen in der nächsten Periode auf 12 Patienten an. Der Satz der beschäftigungsunabhängigen Kosten sinkt folglich auf 100 DM pro Patient ab. Die zusätzlichen Kosten jedes behandelten Patienten für die Erhöhung der Leistungsqualität und des akquisitorischen Potentials mögen weniger als 20 DM betragen. In diesem Falle kann das Krankenhaus die Kostensteigerungen im Rahmen der vereinbarten Erlössätze abfangen, ohne daß es zu Kostenunterdeckungen kommt.

1.2 Die langfristigen Wirkungen einer sinkenden Verweildauer auf die Kosten und die Personalsituation

Eine Senkung der Verweildauer hat neben der möglichen Senkung der Kosten für jeden behandelten Patienten noch eine zweite positive ökonomische Auswirkung. Bei sinkender Verweildauer nimmt die vom einzelnen Patienten gebundene Krankenhaus-Bettenkapazität ab. Das aber bedeutet, daß es bei gegebener Kapazität eines Krankenhauses, gemessen in der maximalen Zahl zu leistender Pflegetage möglich ist, in einem Krankenhaus mit gegebener Bettenzahl (B) mehr Patienten pro Jahr zu behandeln. Bei einem Bettennutzungsgrad von 1 gilt die Beziehung:

$$(4.2) \qquad P_{max} = \frac{B \cdot 365}{V}$$

Aufgrund der mit sinkender Verweildauer steigenden maximalen Zahl von Patienten, die in einem Krankenhaus mit gegebener Bettenkapazität behandelt werden können, ist die Errichtung geringerer Krankenhauskapazitäten zur Befriedigung eines gegebenen Bedarfs an Krankenhausleistungen in einem bestimmten Versorgungsgebiet möglich. Die Bettenzahl eines Gebietes kann folglich bei gleichbleibendem Versorgungsniveau zurückgehen. Dieser Kapazitätseffekt einer sinkenden Verweildauer leitet zu den langfristigen Wirkungen von Verweildaueränderungen über.

Ein sinkender Bedarf an Krankenhausbetten hat außer einem Kosteneinfluß insbesondere Bedeutung für die Personalsituation im Pflege- und Versorgungsbereich. Zunächst soll der Personal- und anschließend der Kostenaspekt diskutiert werden.

Am 31. 12. 1968 waren in den Krankenhäusern der Bundesrepublik Deutschland 152 889[8] ausgebildete Schwestern, Kinderschwestern, Pfleger und Pflegehelfer beschäftigt. Zusätzlich standen 42 144[9] Mitglieder dieser vier Personengruppen noch in der Ausbildung. Insgesamt waren damit rd. 195 000 Personen im Pflegebereich eingesetzt. Der Fehlbestand an Pflegepersonal in den Krankenhäusern der Bundesrepublik wird gegenwärtig auf rd. 50 000 Personen geschätzt, d. h., von 5 Stellen wäre jeweils eine Stelle derzeit nicht besetzt.

Eine Verringerung der Verweildauer kann langfristig eine wesentliche Entlastung auf dem Sektor des Pflegepersonals bewirken. Sinkt die Verweildauer von gegenwärtig gut 18 Tagen für Akutkrankenhäuser in der BRD um 3 bis 4 Tage, was medizinisch durchaus denkbar ist, wie das Beispiel der USA zeigt[10], so ist es möglich, den Bedarf an Krankenhausleistungen mit einer rd. 20 % geringeren Bettenkapazität zu befriedigen. Bei einem unterstellten gleichbleibenden Bedarf an Pflegepersonal pro Bett würde das aber eine Senkung des Bedarfs an Pflegepersonal proportional zur Bettenzahl um 20 % bedeuten. Die durch eine Senkung der Verweildauer um 3 bis 4 Tage erzielbare Reduzierung des Bedarfs an Pflegepersonal in der BRD stellt sich damit annähernd auf die Größe des gegenwärtigen Fehlbedarfs. Allein dieses kleine Rechenexempel verdeutlicht, welche Bedeutung der Senkung der Verweildauer für eine langfristige Verbesserung der Personalsituation im Pflegebereich zukommt. Ähnliche Rechnungen können auch für den Versorgungsbereich und – wenn auch in wesentlich abgeschwächter Form – für den medizinischen Bereich aufgemacht werden[11].

Im folgenden werden die langfristigen Kostenwirkungen aufgezeigt, die von einer Senkung der Verweildauer ausgehen. Die langfristige Analyse geht davon aus, daß mit sinkender Verweildauer mehr Patienten pro Krankenhausbett behandelt wer-

---

8) Gesundheitswesen, in: Wirtschaft und Statistik, Dez. 1970, Heft 12, S. 618.

9) Statistisches Jahrbuch für die Bundesrepublik Deutschland 1970, S. 66.

10) Der Vergleich der Verweildauer in Gesundheitssystemen, die unterschiedliche Behandlungstiefen der Krankenhäuser aufweisen, ist jedoch problematisch. So kann die Verweildauer von Patienten mit bestimmten Krankheiten allein deshalb in zwei Gesundheitssystemen rechnerische Unterschiede aufweisen, weil in einem System die Diagnose aus den reinen Therapie-Krankenhäusern ausgegliedert ist. Bei einer derartigen Spaltung des „Behandlungsprozesses" wird ein Patient dann zweimal bei der Berechnung der Verweildauer erfaßt. Die Verweildauerunterschiede zwischen der BRD und den USA dürften mit auf die unterschiedliche Behandlungstiefe der Krankenhäuser zurückzuführen sein, da in den USA die Diagnose und die Nachbehandlung in stärkerem Maße aus dem Betätigungsfeld der Krankenhäuser ausgegliedert sind als in der BRD oder weil für diese Dienste z. B. Spezialinstitutionen existieren.

11) Die Verweildauer hat auf den Bedarf an Medizinern eine vergleichsweise geringere Bedeutung, da weniger die Verweildauer als vielmehr die Patientenzahl für die Kapazitätsbelastung der Mediziner bedeutsam ist.

den können. Bei gegebenem Bedarf an Krankenhausleistungen besteht aufgrund der Formel (4.2) der folgende Zusammenhang zwischen den erforderlichen Bettenkapazitäten (B) und der Verweildauer (V).

$$(4.3) \qquad P = \frac{B \cdot BN \cdot 365}{V} \quad \text{oder} \quad B = \frac{P \cdot V}{365 \cdot BN}$$

BN gibt in dieser Formel den Bettennutzungsgrad an, der im folgenden als Konstante des Problems behandelt wird, d. h., langfristig ist der Bettennutzungsgrad, bedingt durch die Anpassung der Kapazitäten, unabhängig von der Verweildauer.

Aus der Formel (4.3) wird ersichtlich, daß die Bettenkapazität für P zu behandelnde Patienten steigt, wenn die Verweildauer zunimmt. Die Verweildauer hat damit langfristig einen Einfluß auf den Bettenbedarf. Letztlich besteht damit aber zwischen der Verweildauer und den beschäftigungsunabhängigen Kosten (F) ein direkter Zusammenhang, da diese Kosten im wesentlichen von der Bettenkapazität (B) abhängen. (F = A · B)

Für die folgende Betrachtung wird zunächst vereinfachend angenommen, daß der Kostenbetrag (A) für die Bereitstellung und den Betrieb eines Bettes (B) – Raum- und Zinskosten, Personalkosten für Pflege, Mediziner und Versorgung – unabhängig von der Betriebsgröße eines Krankenhauses und auch unabhängig von der Verweildauer ist.

Beide Annahmen werden der Wirklichkeit nicht voll gerecht, da der Kostenbetrag (A) pro Bett im allgemeinen mit wachsender Betriebsgröße sinkt. Verkürzungen der Verweildauer mit steigender Anzahl von Patienten pro Bett und Jahr als Konsequenz können hingegen zu einem Anwachsen der Personalkosten für den medizinischen Bereich führen. Da die Belastung der Mediziner weniger von der Bettenzahl als vielmehr von der Anzahl der Patienten abhängt, wird der durchschnittliche Bedarf an Medizinern pro Bett ansteigen. In diesem Falle wäre dann (A) eine sinkende Funktion von V, d. h., A steigt, wenn V verringert wird. Ist aber A aus dem genannten Grunde eine sinkende Funktion von V, ist es in der langfristigen Betrachtung zweckmäßig, die Personalkosten für Mediziner nicht auf die Bettenzahl, sondern auf die Patientenzahl zu beziehen. Die Personalkosten für die Mediziner wären dann zweckmäßigerweise in der langfristigen Analyse zu den variablen Kosten pro Patient (a)[12] zu addieren, so daß die Bereitstellungskosten (A) pro Bett wieder verweildauerunabhängig sind.

Trotz dieser Umgliederung der Personalkosten der Mediziner von den Bereitstellungskosten pro Bett (A) in die variablen Kosten pro Patient (a) kann (A) dennoch von (V) abhängig sein, wenn die Verkürzungen der Verweildauer eine Realisierung des medizinischen Fortschritts erfordern und demzufolge die apparative Ausstattung des Krankenhauses verbessert werden muß.

Die Höhe des Kostensatzes (A) hängt entscheidend von der Qualität der zu erbringenden Leistungen, dem Leistungsprogramm und der vom medizinischen Fortschritt

---

12) Vgl. die Kostenfunktionen 1.1, 2.1 und 3.1.

6 Adam, Krankenhaus

mitbestimmten Ausstattung des Krankenhauses ab. Für die langfristige Analyse gilt damit folgende Kostenfunktion pro Periode:

$$(1.2) \qquad \overline{K}_T = a \cdot P + b \cdot V \cdot P + A \cdot B$$

In dieser langfristigen Kostenfunktion sind (V) und (B) die Variablen, während (P) – die in einem Versorgungsgebiet zu behandelnden Patienten – eine Konstante des Problems darstellen. Die Funktion $\overline{K}_T$ bezieht sich nicht auf ein einzelnes Krankenhaus, sondern es handelt sich hierbei um eine Funktion der Kosten aller Krankenhäuser eines Versorgungsgebietes, die zusammen (P) Patienten versorgen. Die Kosten pro Krankenhaus ergeben sich, indem die Kosten $\overline{K}_T$ durch die Anzahl der Krankenhäuser dividiert werden. Diese Division ist natürlich nur dann sinnvoll, wenn es sich um Krankenhäuser gleicher Art und Größe mit völlig gleicher Kostensituation handelt.

Aus der Beziehung (4.3) wird deutlich, daß die Variable B von V abhängig ist. Die Bettenkapazität kann folglich in der Kostenfunktion über die Beziehung (4.3) durch die Verweildauer ersetzt werden, so daß die Funktion (1.2) in die Funktion (1.3) übergeht.

$$(1.3) \qquad \overline{K}_T = a \cdot P + b \cdot V \cdot P + \frac{A \cdot P \cdot V}{365 \cdot BN}$$

Für die langfristigen Kosten pro Patient bzw. pro Pflegetag gelten dann die Funktionen (2.3) und (3.3).

$$(2.3) \qquad \overline{K}_P = a + b \cdot V + \frac{A \cdot V}{365 \cdot BN}$$

$$(3.3) \qquad \overline{K}_t = \frac{a}{V} + b + \frac{A}{365 \cdot BN}$$

Den Kostenfunktionen (1.3) und (2.3) ist zu entnehmen, daß sowohl die Kosten pro Periode als auch die Kosten pro Patient, bedingt durch den jeweils zweiten und dritten Kostenterm, sinken, wenn die Verweildauer (V) reduziert wird. Kurz- und langfristige Kostenwirkungen sind damit grundsätzlich gleichgerichtet. Ein Unterschied besteht lediglich hinsichtlich der Höhe der kostenmäßigen Auswirkungen von Verweildauersenkungen, da die Kostensenkung bei kurzfristiger Betrachtung allein von den jeweils zweiten Kostentermen – den verweildauerabhängigen Kosten – herrührt. Die kostensenkende Wirkung des dritten Terms – beschäftigungsunabhängige Kosten – sind jedoch ungleich größer als die des zweiten, da die beschäftigungsunabhängigen Kosten einen Anteil von ca. 80 % an den Gesamtkosten der Krankenhäuser haben, während es für den zweiten Term nur knapp 8 % sind.

Aus der Kostenfunktion pro Pflegetag $\overline{K}_t$ wird deutlich, daß diese Kosten – bedingt durch den ersten Kostenterm – steigen, wenn die Verweildauer gesenkt wird. Damit ergibt sich grundsätzlich der gleiche Effekt wie in der kurzfristigen Betrachtung. Allerdings unterscheidet sich die Stärke des kurz- vom langfristigen Effekt wesentlich. Bei kurzfristiger Betrachtung geht nicht nur vom ersten Kostenterm – den patientenzahlabhängigen Kosten – sondern auch vom dritten, den beschäftigungsunabhängigen Kosten, eine Tendenz zu steigenden Kosten aus, wenn die Verweildauer sinkt. Langfristig bewirken die beschäftigungsunabhängigen Kosten jedoch keine Erhöhung der Kosten pro Pflegetag.

In der langfristigen Betrachtung steigen die Kosten pro Pflegetag mithin weniger stark an als bei kurzfristiger Analyse. Der kostensteigernde Effekt, der in der kurzfristigen Analyse von den beschäftigungsunabhängigen Kosten ausgeht, entfällt bei langfristiger Betrachtung, da mit einer Verringerung der Verweildauer gleichzeitig die Bettenkapazität gesenkt und die beschäftigungsunabhängigen Kosten abgebaut werden. Als Folge der abgeschwächten Kostenerhöhung pro Pflegetag verstößt das gegenwärtige Preisrecht langfristig nicht so stark gegen die ökonomische Zielsetzung der Krankenhäuser wie kurzfristig. Allerdings enthält das gegenwärtige Preisrecht keinerlei Anreize zur Verringerung der Bettenkapazität in einem Versorgungsgebiet. Es kommt folglich gar nicht zur langfristigen Wirkung des Kapazitätsabbaus und der Verringerung der beschäftigungsunabhängigen Kosten.

Die Tendenz der Aussagen über die Abhängigkeit der Kosten von der Verweildauer und die Eignung des gegenwärtigen Preisrechtes zur Unterstützung der ökonomischen Zielsetzung der Krankenhäuser ändert sich auch dann nicht, wenn die Analyse von komplizierteren Kostenverläufen als bislang ausgeht. Das soll anhand eines Beispieles gezeigt werden, bei dem die beschäftigungsunabhängigen Kosten je Krankenhausbett (A) langfristig von der Verweildauer abhängig sind. Für (A) möge gelten:

$$(5) \qquad A = \bar{A} - cV$$

Es wird also vereinfacht unterstellt, daß die Kosten pro Bett mit sinkender Verweildauer linear um c steigen. Der Grund für einen derartigen Kostenanstieg kann z. B. darin bestehen, daß eine Senkung der Verweildauer durch medizinischen Fortschritt eine Erhöhung der Pflegeintensität sowie eine bessere apparative Ausstattung zur Voraussetzung hat. Für die langfristigen Kosten pro Jahr $\bar{K}_T$ gilt dann:

$$(1.4) \qquad \bar{K}_T = a \cdot P + b \cdot P \cdot V + (\bar{A} - cV)\,\frac{P \cdot V}{365 \cdot BN}$$

Entsprechend leiten sich für die durchschnittlichen Kosten pro Patient ($\bar{K}_p$) sowie die durchschnittlichen Kosten pro Pflegetag die Kostenfunktionen (2.4) und (3.4) ab.

$$(2.4) \qquad \bar{K}_P = a + b \cdot V + (\bar{A} - cV)\,\frac{V}{365 \cdot BN} = a + \left(b + \frac{\bar{A}}{365 \cdot BN}\right)V - \frac{cV^2}{365 \cdot BN}$$

$$(3.4) \qquad \bar{K}_t = \frac{a}{V} + b + \left(\frac{\bar{A} - cV}{365 \cdot BN}\right) = \frac{a}{V} + b + \frac{\bar{A}}{365 \cdot BN} - \frac{cV}{365 \cdot BN}$$

Die zeichnerische Darstellung der Kostenfunktion (1.4) und (2.4) ergibt das gleiche Bild; für (1.4) gilt z. B. der in Abbildung 5 eingetragene Kurvenverlauf.

6*

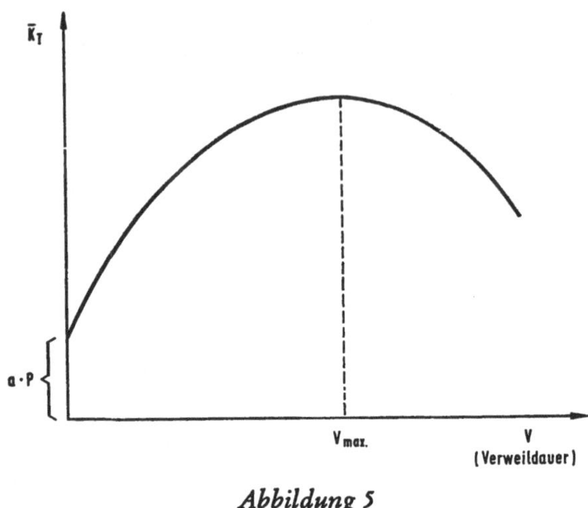

Abbildung 5

Die Kosten pro Periode und pro Patient nehmen also zunächst zu, wenn die Verweildauer von Null ausgehend steigt. Von V_{max} an sinken die Kosten jedoch mit steigender Verweildauer. Das Maximum haben die Kosten pro Periode und pro Patient bei einer Verweildauer von

$$(4.4) \qquad V_{max} = \frac{365 \cdot BN \cdot b + \bar{A}}{2c}$$

Wesentlich ist es nun zu wissen, ob die gegenwärtige Verweildauer von ca. 18 Tagen für Akutkranke rechts oder links von V_{max} liegt, ob also Verkürzungen der Verweildauer sofort zu einer Reduzierung der Kosten pro Patient und pro Periode führen oder ob zunächst mit steigenden Kosten zu rechnen ist. Wie den folgenden Überlegungen zu entnehmen ist, spricht einiges dafür, daß V_{max} rechts von der gegenwärtigen durchschnittlichen Verweildauer liegt. Eine Verringerung der Verweildauer wird mithin zu sinkenden Kosten pro Periode und pro Patient führen.

In der gegenwärtigen Situation liegen die beschäftigungsunabhängigen Kosten (A) je Bett bei etwa 20 000 DM bis 28 000 DM pro Jahr. Dieser Kostenbetrag gilt für eine Verweildauer von rd. 18 Tagen. Der Anstieg der beschäftigungsunabhängigen Kosten pro Bett und Jahr möge einmal mit 500 DM bis 1 000 DM veranschlagt werden, wenn die Verweildauer um 1 Tag sinkt. Aufgrund der Beziehung

$$A = \bar{A} - cV \text{ oder } \bar{A} = A + cV$$

ergibt sich dann für c = 500 DM ein (Ā) zwischen 28 500 DM und 36 500 DM. Für c = 1 000 DM errechnet sich für (Ā) eine Schwankungsbreite zwischen 39 000 DM und 47 000 DM. Für die Rechnung werden die variablen Kosten pro Pflegetag (b) vorsichtig mit nur 8 DM und die Bettenausnutzung mit nur BN = 0,8 angesetzt. Aus der Formel für V_{max} errechnet sich dann für c = 500 DM ein Kostenmaximum, das zwischen 31[13]) und 39 Tagen Verweildauer liegt. Bei c = 1 000 DM liegt das Maximum der Kosten bei einer Verweildauer zwischen 22 und 25 Tagen. Aufgrund dieser Rechnung ist mit hoher Wahrscheinlichkeit anzunehmen, daß die Kosten pro Patienten mit einer Senkung der Verweildauer unter 18 Tagen sofort sinken und nicht zunächst ansteigen werden.

Die entsprechenden Rechnungen müßten jedoch für jedes Krankenhaus mit den konkreten Zahlen dieses Betriebes durchgeführt werden, um eine Aussage über die Kostenwirkung von Verweildauerkürzungen zu machen. Für einzelne Fachabteilungen kann eine Senkung der spezifischen Verweildauer dieser Abteilungen dabei zunächst durchaus zu steigenden Kosten führen.

Die Kostenfunktion (3.4), die die durchschnittlichen Kosten pro Pflegetag wiedergibt, führt zu dem in Abbildung 6 gezeigten Bild.

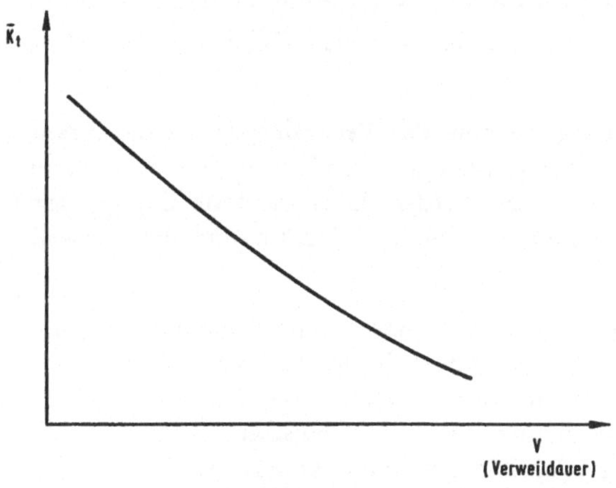

Abbildung 6

Das heißt, jede Verringerung der Verweildauer führt zu steigenden durchschnittlichen Kosten pro Pflegetag. Die Kosten pro Pflegetag steigen dabei annähernd linear mit sinkender Verweildauer an, da dem Kostenbetrag (a) in der Funktion (3.4) eine sehr geringe Bedeutung zukommt. Der Kostenanstieg beträgt dabei unter Vernachlässigung des ersten Terms der Kostenfunktion (3.4) $\frac{c}{365} \cdot$ BN DM für jeden Tag, um den die Verweildauer verkürzt wird. Für ein c zwischen 500 DM und 1 000 DM und einer Bettenausnutzung von BN = 0,8 liegt der Kostenanstieg also zwischen 1,70 DM und 3,40 DM pro Tag, um den die Verweildauer sinkt. Trotz dieses Anstiegs der Kosten pro Pflegetag sinken die Kosten pro Patient, wie der Abbildung 5 zu entneh-

---

13) Für c = 500 DM gilt ein maximales $\bar{A}$ von 28 500 DM. Für den Ausdruck 365 · BN · b in Formel (4.4) errechnet sich ein Wert von gut 2300, wenn BN = 0,8 und b = 8 gesetzt wird. Für V_{max} gilt dann:

$$V_{max} = \frac{2300 + 28500}{2 \cdot 500} \approx 31$$

men ist. Der Grund für die Kostensenkung pro Patient liegt darin, daß der Anstieg der Kosten pro Pflegetag durch die sinkende Aufenthaltszeit der Patienten im Krankenhaus überkompensiert wird.

2. Die Determinanten der Verweildauer und die Möglichkeiten zur Senkung der Verweildauer

Die Verweildauer der Patienten im Krankenhaus wird von zwei Determinantengruppen bestimmt. Bei der ersten Gruppe handelt es sich um Determinanten, die von persönlichen Bedingungen der Patienten und der Art der Krankheit abhängen.

Im wesentlichen gehören zu diesen Faktoren der Verweildauer:

(1) die Art der Krankheit;

(2) das Alter, das Geschlecht sowie die Kondition des Patienten;

(3) der Wille des Patienten, der in vielen Fällen das Tempo des Heilungsprozesses mitbestimmt.

Auf diese Bestimmungsfaktoren der Verweildauer hat das Krankenhaus keinen Einfluß. Lediglich auf den Genesungswillen des Patienten kann in sehr beschränktem Umfang Einfluß genommen werden. Über die erste Gruppe der Determinanten zur Verweildauer kann mithin kaum eine Verkürzung der Verweildauer erreicht werden.

Zur zweiten Gruppe der Determinanten der Verweildauer gehören der medizinische Fortschritt und reine organisatorische Maßnahmen, über die eine Verringerung der Verweildauer angestrebt werden kann. Von den beeinflußbaren Faktoren kommt langfristig dem medizinischen und technischen Fortschritt, der eine bessere und schnellere Heilung oder Diagnose von Krankheiten ermöglicht, die größte Bedeutung für die Senkung der Verweildauer zu. Die Bedeutung des medizinischen und pharmazeutischen Fortschritts sowie der Entwicklung und des Einsatzes neuer technischer Behandlungsmethoden für die Verweildauer ist aus einem Zeitvergleich der Verweildauern der Patienten zu erkennen. Eine Behinderung der Forschungsintensität in den Krankenhäusern oder anderen Institutionen, die direkt oder indirekt am medizinischen Fortschritt beteiligt sind, muß sich langfristig nachteilig auf die Verweilzeiten auswirken.

Für die Realisierung eines gegebenen technischen Fortschrittes in den Krankenhäusern ist allerdings die Finanzkraft der Krankenhäuser mit ausschlaggebend. Der beste technische Fortschritt nutzt nichts, wenn den Krankenhäusern die finanziellen Mittel zur Beschaffung der erforderlichen teuren Apparaturen nicht zur Verfügung stehen.

Neben diesen nur langfristig beeinflußbaren Determinanten der Verweildauer gibt es eine Reihe organisatorischer Determinanten, die auch kurzfristig verändert werden können und zu einer Senkung der Verweildauer beitragen könnten. Zu diesen organisatorischen Determinanten gehören:

(1) Die Organisation der Arbeitsabläufe in der Diagnose und der Therapie. Verkürzungen der Verweildauer lassen sich hier erzielen, indem unnötige Wartezeiten der Patienten zwischen zwei „Bearbeitungsgängen" vermieden werden. Eine Verringerung der Verweildauer ist aber auch möglich, wenn z. B. bei der Diagnose in stärkerem Maße als bisher Arbeitsgänge für einen Patienten parallel statt seriell durchgeführt werden.

(2) Der Zeitbedarf für die Diagnose und damit der Beginn der Therapie ist bei vielen Krankheiten entscheidend von den Informationen abhängig, die der Arzt vom Patienten hat. Über den Einsatz der EDV dürfte es möglich sein, den Zeitbedarf für die Diagnose zu verkürzen, da die Informationsbeschaffungs- und Verarbeitungsprozesse gegenüber der manuellen Technik verkürzt werden können.

(3) Mitbestimmend für die Länge der Verweildauer ist auch das Belegwesen der Krankenhäuser[14]. Die Verweildauer kann, wie das amerikanische Beispiel zeigt, abgekürzt werden, wenn die Nachbehandlung der Patienten außerhalb des Krankenhauses von den gleichen Ärzten durchgeführt wird, die den Patienten im Krankenhaus behandelt haben. Eine Senkung der Verweildauer ist auch dann zu erwarten, wenn die ärztliche Betreuung im Krankenhaus durch Belegärzte erfolgt, die die Patienten bereits ambulant diagnostiziert haben oder wenn für die Diagnose spezielle Diagnosezentren eingerichtet werden.

(4) Einen Einfluß auf die Verweildauer besitzt auch die Organisation des Pflegewesens innerhalb des Gesundheitswesens. Gegenwärtig werden noch zu häufig teure Krankenhausbetten durch reine „Pflegefälle" blockiert, da es nicht genügend Pflegeplätze in Heimen gibt oder weil eine Hauspflege daran scheitert, daß dafür zu wenig Pflegepersonal zur Verfügung steht. Zur Senkung der Kosten des Gesundheitswesens bei gleicher Leistungsqualität ist es daher dringend erforderlich, neue Organisationsformen der Pflege im Gesundheitswesen zu entwickeln.

(5) Ein Vergleich der Verweildauer von Privatpatienten und Kassenpatienten zeigt, daß die Verweildauer auch wesentlich von der finanziellen Belastung der Patienten abhängt. Die Verweildauer von Privatpatienten dürfte aus zwei Gründen im Durchschnitt geringer sein als die von Kassenpatienten. Einmal sind Privatpatienten gegen Krankheiten relativ selten voll versichert, so daß sie durch die Krankenhausbehandlung finanziell belastet werden. Zum anderen gehören Privatpatienten häufig der Gruppe der beruflich Selbständigen an. Ein Krankenhausaufenthalt ist daher für Privatpatienten häufig mit Einkommenseinbußen verbunden. Eine maßvolle direkte finanzielle Beteiligung der Kassenpatienten sollte z. B. für die Abdeckung der Verpflegungskosten erwogen werden. Diese Kosten entstünden dem Patienten auch, wenn er sich nicht im Krankenhaus aufhielte.

(6) Einen Einfluß auf die Verweildauer übt auch das gegenwärtige Preisrecht aus, das die Krankenhäuser zu einer Streckung der Verweildauer stimuliert, um auf diese Weise die Beschäftigung zu sichern und die Kostendeckung zu erreichen.

---

14) Vgl. Kress, K. P., Die Leistungsfunktion des Krankenhauses in betriebswirtschaftlicher Sicht, Diss., München 1968, S. 101; o. V., Das amerikanische Krankenhaus, hrsg. v. RKW, Berlin 1965, S. 57.

(7) Für die Ärzte besteht gegenwärtig kein Anreiz zur Senkung der Verweildauer. Hier muß die bereits beschriebene Abhilfe durch die Organisation des Entscheidungsprozesses im Krankenhaus geschaffen werden.

Die Möglichkeiten zur Senkung der Verweildauer können in dieser Studie nur skizziert, nicht aber vertieft behandelt werden, da das der Zielsetzung der Arbeit nicht gerecht würde. Lediglich die Punkte 6 und 7 sind an früherer Stelle bereits eingehend diskutiert worden, da sie einen unmittelbaren Bezug zur Organisation des Entscheidungsprozesses in Krankenhäusern haben.

c) Einige grundsätzliche Gedanken zur Verbesserung der Betriebsmittelauslastung im Krankenhaus als Voraussetzung zur Nutzung von Beschäftigungsdegressionen

1. Die Bedeutung der Beschäftigungsdegression für die Wirtschaftlichkeit der Krankenhausführung

Für Betriebe, die nach dem Kostendeckungsprinzip arbeiten, besitzt die Beschäftigungsdegression eine erhebliche Bedeutung für die Wirtschaftlichkeit der Leistungserstellung. Das gilt insbesondere für Krankenhäuser, bei denen den beschäftigungsunabhängigen Kosten mit rd. 80 % der Gesamtkosten eine überragende Bedeutung zukommt. Die Höhe der Kosten pro Beschäftigungseinheit hängt damit im Krankenhaus entscheidend vom Beschäftigungsvolumen der Produktionsfaktoren ab, auf die die beschäftigungsunabhängigen Kosten zurückgehen.

Anhand eines Beispieles soll das Ausmaß der Kostensenkung pro Beschäftigungseinheit verdeutlicht werden, wenn in einem Krankenhaus mit 2 000 Betten die Beschäftigung bei einer durchschnittlichen Verweildauer von 18 Tagen von 75 % auf 80 % erhöht wird. Ein Krankenhaus dieser Größenordnung hat nach der Pflegesatzverordnung bestimmte Bruttogesamtkosten von gegenwärtig gut 60 Mill. DM jährlich. Davon sind rd. 48 Mill. DM beschäftigungsunabhängige Kosten. Für eine Verweildauer von 18 Tagen beläuft sich die maximal zu behandelnde Patientenzahl pro Jahr auf 40 000[15].

Bei einem Beschäftigungsgrad von 75 %, das entspricht bei 18 Tagen Verweildauer einer Patientenzahl von 30 000 pro Jahr, stellen sich die beschäftigungsunabhängigen Kosten pro Patient auf 1 600 DM oder rd. 89 DM pro Pflegetag. Gelingt es dem Krankenhaus, die Zahl der behandelten Patienten um 2 000 pro Jahr zu erhöhen, d. h., wird der Beschäftigungsgrad bei einer Verweildauer von 18 Tagen auf 80 % verbessert, reduziert sich die Belastung des einzelnen Patienten mit beschäftigungsunabhängigen Kosten auf 1 500 DM. Das entspricht pro Pflegetag einem Betrag von rd. 83 DM. Die Erhöhung des Beschäftigungsgrades von 75 % auf 80 % führt im

---

[15] $$P_{max} = \frac{\text{Bettenzahl} \cdot 360}{\text{Verweildauer}} = \frac{2000 \cdot 360}{18} = 40000$$

Beispiel mithin zu einer Verringerung der Kosten pro Patient um 100 DM, bei gleichzeitig um rd. 6 DM sinkenden Kosten pro Pflegetag. Das Ausmaß des Degressionseffektes nimmt jedoch für konstante Steigerungsraten der Beschäftigung ständig ab.

Dieses Beispiel zeigt, daß hohe Auslastungsgrade aufgrund der fixkostenintensiven Kostenstruktur der Krankenhäuser eine der wesentlichsten Voraussetzungen für eine kostengünstige, d. h. wirtschaftliche Leistungserstellung sind. Die Bemühungen der Krankenhausführung müßten mithin darauf gerichtet sein, ein hohes, möglichst gleichmäßiges Beschäftigungsvolumen zu erzielen. Das ist aber nur erreichbar, wenn die Bettenkapazitäten auf den Bedarf an Krankenhausleistungen abgestimmt sind.

Für die Diskussion der Maßnahmen zur Verbesserung des Beschäftigungsgrades der fixe Kosten verursachenden Produktionsfaktoren – menschliche Arbeitskraft, Betriebsmittel – ist die Maßeinheit der Kapazität und der Beschäftigung von ausschlaggebender Bedeutung. Grundsätzlich bieten sich mit den Pflegetagen und der Patientenzahl zwei verschiedene Maßstäbe für die Kapazitäts- und Beschäftigungsmessung an. Im Hinblick auf die Zielsetzung des Krankenhauses – minimale durchschnittliche Kosten pro behandelten Patienten bei gegebener Qualität der Krankenhausleistungen – erscheint nur die Patientenzahl als Maßeinheit der Beschäftigung geeignet. Maßnahmen zur Erhöhung der Beschäftigungsdegression sind dann nur jene, die zu einer Erhöhung des Patientenaufkommens pro Jahr für ein Krankenhaus führen.

Die amtliche Beschäftigungsstatistik mißt die Beschäftigung in Pflegetagen. Dieser Maßstab hat den Vorzug, daß die Kapazität eines Krankenhauses im Gegensatz zum Maßstab „Patienten" unabhängig von der Verweildauer ist. Die Pflegetage als Maßstab der Beschäftigung haben jedoch den Nachteil, daß dann unter die Maßnahmen zur Beschäftigungsdegression auch eine Streckung der Verweildauer bei konstanter Patientenzahl fallen würde. Dem Maßstab „Pflegetage" haftet somit der Nachteil an, daß z. B. aus den ständig sinkenden Beschäftigungsgraden[16] der letzten Jahre keine eindeutigen Schlüsse auf die dadurch bedingte Veränderung der Kostensituation pro Patient gezogen werden können. Die Verringerung der in Pflegetagen gemessenen Beschäftigung führt zwar zu steigenden Kosten pro Pflegetag, der Fixkostenanteil pro Patient wird jedoch nicht verändert, sofern die Senkung des Beschäftigungsgrades allein eine Folge einer verringerten Verweildauer ist. Aus der amtlichen Statistik der Beschäftigungsgrade sind jedoch die Gründe der sinkenden Beschäftigung nicht zu erkennen. Die Pflegetage als Maßstab der Beschäftigung verführen dann unter Umständen zu Dispositionen, die dem eigentlichen ökonomischen Ziel der Krankenhausführung nicht gerecht werden. Aus diesem Grunde werden im folgenden nur Maßnahmen aufgeführt, die geeignet sind, zu einer Erhöhung des Patientenaufkommens für das einzelne Krankenhaus beizutragen.

---

16) Im Jahre 1968 hat der durchschnittliche Beschäftigungsgrad aller Krankenhäuser mit 89,8% erstmals die 90-%-Grenze unterschritten. Die sinkenden Beschäftigungsgrade haben ihre Ursache in einem nur leicht ansteigenden Patientenaufkommen (Zuwachsrate jährlich zwischen 2% und 3%), dem eine geringfügig anwachsende Bettenkapazität bei sinkender Verweildauer gegenübersteht. Die Tendenz zur Verbesserung des Beschäftigungsgrades, die vom steigenden Patientenaufkommen ausgeht, wird von den beiden anderen Entwicklungen mehr als kompensiert.

Das Patientenaufkommen läßt sich grundsätzlich auf zwei Wegen vergrößern:

(1) Erhöhung des Patientenaufkommens eines einzelnen Krankenhauses bei gegebener Kapazität des einzelnen Krankenhauses und des Krankenhaussystems eines Versorgungsgebietes durch Maßnahmen, die durch jede einzelne Krankenhausführung ergriffen werden können. Hierzu gehören z. B. Maßnahmen zu den Punkten 2, 3, 4 und 5 der folgenden Übersicht.

(2) Abstimmung der Krankenhauskapazitäten eines Versorgungsgebietes mit der Bedarfssituation und Vermeidung einer Kapazitätszersplitterung. Sowohl die Kapazitätsabstimmung als auch die Konzentration von teuren Spezialkapazitäten erfordern eine überbetriebliche Kooperation der Krankenhäuser eines Versorgungsgebietes bei der Planung der Sachziele und der Kapazitäten. Von dieser Kooperation hängt die erzielbare durchschnittliche Auslastung der Kapazitäten eines jeden Krankenhauses entscheidend ab.

Die einzelbetrieblichen sowie die kooperativen Maßnahmen zur Senkung der beschäftigungsunabhängigen Kosten pro Patient als Folge eines angestrebten steigenden Patientenaufkommens pro Kapazitätseinheit müssen sich aus den Determinanten des Patientenaufkommens für das einzelne Krankenhaus ableiten.

Das Patientenaufkommen eines Krankenhauses ist abhängig von:

(1) dem regionalen Bedarf an Krankenhausleistungen;

(2) dem Leistungsfächer der einzelnen Krankenhäuser im Vergleich zum Leistungsfächer konkurrierender Betriebe;

(3) der Qualität der angebotenen Leistungen und dem Ruf der in einem Krankenhaus praktizierenden Ärzte;

(4) den Beziehungen des einzelnen Krankenhauses zu den einweisenden niedergelassenen Ärzten;

(5) der Betten- und Behandlungsplanung eines Krankenhauses für nicht akut erkrankte Patienten. Hierbei handelt es sich um eine zeitliche Umverteilung von Bedarfsspitzen. Mit dieser zeitlichen Umverteilung des Bedarfs ist eine Glättung der Beschäftigung des Krankenhauses verbunden, die es langfristig erlaubt, den bestehenden Bedarf an Krankenhausleistungen mit einer geringeren Kapazität zu befriedigen. Die mögliche Verringerung der Kapazität hat ihre Ursachen darin, daß die aufzubauende Kapazität nicht mehr auf den Spitzenbedarf ausgerichtet werden muß. Kurzfristig wird durch eine Betten- und Bedarfsplanung die Quote der Zurückweisung von Patienten geringer, so daß das gesamte Beschäftigungsvolumen eines Krankenhauses pro Jahr anwächst;

(6) der Flexibilität der Bettenzuweisung auf Stationen nach der Bedarfssituation. Eine flexible Bettenzuweisung ist gegeben, wenn das überkommene Prinzip starrer Stationsbettenkapazitäten aufgegeben wird. Wird die Bettenkapazität einer Station der jeweiligen Bedarfssituation laufend z. B. durch Abspaltung oder Zuschlag von Zimmern oder durch die Einrichtung von Gemeinschaftsbetten für mehrere Fachbereiche angepaßt, so kann die Quote der Zurückweisungen von Patienten ebenfalls reduziert werden, und es können die Reservekapazitäten der

Stationen insgesamt verkleinert werden. Es treten damit die gleichen Wirkungen wie unter (5) auf.

Das Prinzip flexibler Stationsgrößen bzw. die Einrichtung von Gemeinschaftsbetten läßt sich allerdings nur für einige Bereiche anwenden. Stationen wie etwa die Intensivpflege oder Isolierstationen können durch die Art der apparativen oder baulichen Anforderungen für die Anwendung dieses Prinzips nicht in Frage kommen. Für Stationen wie Innere Medizin, Chirurgie, HNO, Augen läßt sich das Prinzip hingegen durchaus anwenden – wie einige praktische Beispiele zeigen. Voraussetzung für die Anwendung des Prinzips flexibler Stationsgrößen ist allerdings, daß die organisatorischen Hemmnisse überwunden werden können, die von der Chef- oder Stationsarztkonstruktion herrühren;

(7) der regionalen Kapazitätsplanung der Krankenhäuser eines Versorgungsgebietes. Durch diese Planung sind die Gesamtkapazitäten eines Versorgungsgebietes auf den Bedarf abzustimmen. Von dem Grad dieser Abstimmung hängt die durchschnittliche Auslastung der Gesamtkapazität nachhaltig ab;

(8) der Organisation für ambulante Behandlungen von Patienten innerhalb des Gesundheitswesens. Eine wesentliche Rolle für die Auslastung der diagnostischen und therapeutischen Kapazitäten eines Krankenhauses spielt die Behandlung ambulant Kranker. Die apparative Ausstattung eines Krankenhauses wird im wesentlichen nur an den Vormittagen ausgenutzt, während sie in den übrigen Zeiten unbeschäftigt bleibt. Dadurch gehen in hohem Maße Nutzungspotentiale dieser Aggregate verloren, da die Apparaturen fast ausschließlich dem Zeit- und nicht dem Gebrauchsverschleiß unterliegen. Diese Kapazitäten sollten verstärkt dadurch genutzt werden, daß das Krankenhaus in höherem Maße als heute Kranke ambulant behandelt und mit den verfügbaren diagnostischen oder therapeutischen Apparaturen eine Auftragsproduktion für die niedergelassenen Ärzte ausführt. Um dieses Ziel zu erreichen, bedarf es jedoch einer grundsätzlichen Neuorganisation des Behandlungswesens für ambulant Kranke innerhalb des Gesundheitswesens.

Auf die einzelnen Maßnahmen zur Beeinflussung des Patientenaufkommens eines Krankenhauses und die darin liegenden Möglichkeiten zur Kostensenkung soll in dieser Studie nur hingewiesen werden. Lediglich auf die Bedeutung der Kooperation für die Kapazitäts- und Beschäftigungsplanung wird näher eingegangen.

2. Einige Grundgedanken zur Bedeutung der Kooperation der Krankenhäuser eines Versorgungsgebietes für die Kostensituation

Eine überragende Bedeutung für das Patientenaufkommen und die Beschäftigungsdegression kommt der Festlegung der Sachziele – Betätigungsfeld – und der kategorialen Ziele – Qualität der anzubietenden Leistungen – für das einzelne Krankenhaus zu. Werden beispielsweise für ein Sachziel Kapazitäten aufgebaut, obwohl für dieses Sachziel innerhalb des Versorgungsgebietes bereits ausreichende Kapazitäten existieren, so mag es zwar gelingen, die neuen Kapazitäten zu beschäftigen, wenn ein von der Konkurrenz abstechendes Qualitätsniveau der Leistungen angeboten wird. Diesem Kapazitätsaufbau, verbunden mit einem Qualitätswettbewerb, wohnt jedoch in doppelter Weise die Tendenz zu Kostenerhöhungen pro Patient innerhalb des gesamten Krankenhaussystems eines Versorgungsgebietes inne.

Einmal werden bei konstantem Patientenaufkommen innerhalb eines Versorgungsgebietes die kapazitätsabhängigen, beschäftigungsunabhängigen Kosten erhöht, so daß der durchschnittliche Anteil pro Patient an diesen Kosten wächst. Die neuen Kapazitäten können ihre Beschäftigung bei konstantem Patientenaufkommen innerhalb des Versorgungsgebietes nur durch Abzug der Patienten von anderen Krankenhäusern gewinnen. Erhöhen daraufhin die Krankenhäuser, denen Patienten verloren gehen, die Qualität ihrer Leistungen, gelingt es ihnen zwar, Teile des verlorenen Patientenaufkommens zurückzugewinnen, die Verbesserung der eigenen Beschäftigungslage ist allerdings mit weiteren Kostenerhöhungen für die Verbesserung der Leistungsqualität verbunden. Als Folge dessen werden die durchschnittlichen Kosten pro Patient innerhalb des Versorgungsgebietes ständig anwachsen, wenn die Krankenhäuser für Sachziele Kapazitäten aufbauen, für die nicht die entsprechende Nachfrage existiert, und eine Auslastung dieser Kapazitäten durch einen Qualitätswettbewerb anstreben.

Die Ursache dieser betriebswirtschaftlich unvertretbaren Kostenentwicklung bei Überkapazitäten, die heute in einigen Disziplinen bereits gegeben sind, liegt nicht primär in der durchaus wünschenswerten Verbesserung der Leistungsqualität begründet, sondern ist in dem Kapazitätsüberhang des gesamten Krankenhaussystems eines Versorgungsgebietes zu sehen. In dieser Situation von Kapazitätsüberhängen erweist sich ein Qualitätswettbewerb als untaugliches Mittel zur Beseitigung der Überkapazitäten.

Die Kollektivorientierung der Krankenhäuser, die sich nicht allein im Dienst am Patienten niederschlagen darf, sondern auch in den Kosten zum Ausdruck kommt, die die Allgemeinheit für die Vorhaltung der Krankenhausleistungen zahlen muß, macht wegen der großen Bedeutung der beschäftigungsunabhängigen Kosten im Krankenhaus dringend eine koordinierte Planung der Sachziele und Kapazitäten der Krankenhäuser eines Versorgungsgebietes erforderlich. Aus der Kollektivorientierung des Krankenhauses leitet sich geradezu zwingend die regionale Planung der Kapazitäten für die einzelnen Fachabteilungen der Krankenhäuser ab, d. h., die Wahl der Sachziele und der Kapazitäten eines Krankenhauses muß sich auf die Zielprojektion für ein Versorgungsgebiet – d. h. einen regionalen Krankenhausplan – stützen. Zur Sicherung der Kapazitätsauslastung sind Sachziele und Kapazitäten so zu konzipieren, daß bestehende Bedarfslücken zur quantitativ optimalen Versorgung geschlossen werden, die durch den Krankenhausplan definiert sind[17]). Zur Sicherung

---

17) Zur Ableitung der optimalen Bettenzahl bestimmter Fachabteilungen innerhalb eines Versorgungsgebietes bedarf es zunächst einer Prognose des Patientenaufkommens sowie der Entwicklung der Verweildauer. Mit Hilfe der Erwartungswerte der beiden Prognosen läßt sich sodann ein Erwartungswert der optimalen Bettenzahl ableiten. Da das Patientenaufkommen zufälligen Schwankungen unterworfen ist, muß zu dem Erwartungswert der Bettenzahl ein Zuschlag erfolgen, der garantiert, daß mit einem bestimmten Grad an Sicherheit für jeden akut Kranken ein Krankenhausbett vorhanden ist. Von diesem Sicherheitszuschlag wird die durchschnittliche Beschäftigung der Krankenhäuser entscheidend beeinflußt. Vgl. hierzu die Ausführungen zur quantitativen optimalen Versorgung, Kapitel II, c, 1).

einer tragbaren Kostenbelastung pro Patient ist demzufolge ein Qualitätswettbewerb der Krankenhäuser innerhalb eines Versorgungsgebietes nur dann zu fördern, wenn er nicht zur bloßen Umverteilung der Unterbeschäftigung auf die einzelnen Krankenhäuser führt.

Die Kollektivorientierung der Krankenhäuser erfordert aus Kostengründen die Einengung der Autonomie der Krankenhausausschüsse bei der Wahl und Veränderung der Sachziele sowie der Krankenhauskapazitäten. Diese Einengung der Autonomie sollte dabei in einer Bindung an die Zielprojektion eines zu erarbeitenden regionalen Krankenhausplanes bestehen. Existiert ein derartiger Krankenhausplan nicht, kann praktisch das gleiche Ziel erreicht werden, wenn den Krankenhausausschüssen der Krankenhäuser eines Versorgungsgebietes die Pflicht zur Kooperation in Fragen der Sachziel- und Kapazitätsplanung auferlegt wird. Ziel dieser Kooperation der Krankenhäuser eines Versorgungsgebietes muß es sein, eine qualitativ und quantitativ optimale Versorgung der Bevölkerung mit Krankenhausleistungen bei betriebswirtschaftlich vertretbaren Kosten sicherzustellen. Die Kooperation der Krankenhäuser muß sich folglich auf die folgenden Bereiche erstrecken, wenn eine Senkung der beschäftigungsunabhängigen Kosten pro Patient erreicht werden soll:

(1) Absprache der einzurichtenden Fachabteilungen, einschließlich der vorzuhaltenden Kapazitäten für die einzelnen Krankenhäuser.

(2) Ausgliederung von Spezialfunktionen aus den einzelnen Krankenhäusern und Errichtung gemeinsam betriebener Institutionen, für die höhere Beschäftigungsgrade erreicht werden können, als das bei einem einzelnen Krankenhaus möglich wäre. Bei diesen gemeinsamen Institutionen könnte es sich z. B. um gemeinsame Labors oder Diagnoseeinrichtungen, eine zentrale Küche für die Anfertigung von Tiefkühlkost, einen gemeinsamen Wäschebetrieb, eine gemeinsam genutzte elektronische Datenverarbeitungsanlage usw. handeln.

(3) Aufteilung des Behandlungsprozesses auf mehrere nacheinander geschaltete Krankenanstalten. Zu denken wäre hier etwa an die Ausgliederung von reinen Pflegeaufgaben, die auf Pflegeheime bzw. Sonderkrankenhäuser übertragen werden oder die Einrichtung diagnostischer Zentren.

(4) Abstimmung der Beschaffungspolitik für teure diagnostische und therapeutische Apparaturen.

(5) Zusammenarbeit bei der Verteilung des Patientenaufkommens auf die einzelnen Krankenhäuser. Durch eine derartige Zusammenarbeit wäre es möglich, die Reservekapazitäten innerhalb der einzelnen Krankenhäuser zu verringern, da die Reservekapazitäten eines Krankenhaussystems simultan über alle Krankenhäuser auf die zufälligen Bedarfsschwankungen abgestimmt werden können.

Durch einen Ausbau der Kooperation der Krankenhäuser eines Versorgungsgebietes dürften sich innerhalb des Versorgungsgebietes die Kosten pro Patient reduzieren lassen. Das Ausmaß der durch Kooperation erzielbaren Verbesserungen der Kostenlage läßt sich gegenwärtig nur schwer abschätzen, da die verfügbaren Informationen sehr lückenhaft sind. Aufgrund der im Rahmen dieser Studie durchgeführten Erhebungen ist zu vermuten, daß durch Kooperation die Krankenhauskapazitäten bei gleichem Versorgungsniveau um rd. 5 % gesenkt werden könnten.

Insbesondere dürfte eine Kooperation langfristig auf eine Senkung der Verweildauer mit den daraus resultierenden positiven Kapazitätseffekten hinwirken. Die durch kooperative Maßnahmen zu erzielenden langfristigen Kostensenkungen pro Patient von schätzungsweise 10 % bis 15 % dürften bei weitem das Ausmaß überschreiten, das durch einzelbetriebliche Maßnahmen zur Erhöhung des Patientenaufkommens erreicht werden kann.

Die im Rahmen dieser Studie bei einer Reihe von Krankenhäusern durchgeführten Beobachtungen lassen eine derzeit geringe Kooperationsbereitschaft der Krankenhausführungen erkennen. Häufig werden von den Trägern und den Betriebsleitungen die durch Kooperation erzielbaren Kostensenkungen ohne Überprüfung der tatsächlichen Verhältnisse bagatellisiert, weil die Krankenhausleitungen in der Kooperation eine Einschränkung ihrer Autonomie erblicken.

d) Die Bedeutung des Faktors „Arbeit" für die Wirtschaftlichkeit

1. Die Kosten- und Produktivitätsentwicklung des Faktors „Arbeit"

Der Leistungsprozeß im Krankenhaus wird vom Produktionsfaktor Arbeit dominiert. Die ökonomische Bedeutung des Faktors Arbeit wird bereits anhand der Kostenstruktur der Krankenhäuser deutlich, die für Löhne und Gehälter einen Kostenanteil zwischen 55 % und 75 % aufweist. Die Kostenentwicklung pro Pflegetag und pro Patient wird folglich nachhaltig von zwei Entwicklungen des Produktionsfaktors Arbeit bestimmt:

(1) der Veränderung der Lohn- und Gehaltssätze der im Krankenhaus Tätigen;

(2) der Produktivitätsentwicklung des Faktors Arbeit.

Die jährlichen Lohn- und Gehaltssteigerungen lagen in den letzten Jahren im Schnitt zwischen 6 % und 10 % für das Krankenhauspersonal, wobei eine zunehmende Tendenz der Steigerungsraten zu beachten ist. Die aus den Lohn- und Gehaltszuwächsen resultierenden Kostensteigerungen pro Pflegetag und pro Patient konnten durch Produktivitätsverbesserungen des Faktors Arbeit nicht kompensiert werden. Vielmehr führte eine sinkende Produktivität, die auf zunehmende Leistungsqualitäten und sinkende Arbeitszeiten zurückzuführen ist, zu einem zusätzlichen Kostendruck. Die Aussagen zur Produktivitätsentwicklung hängen allerdings vom gewählten Produktivitätsmaßstab ab. Aus diesem Grunde wird die Produktivitätsentwicklung anhand unterschiedlicher Maßstäbe kurz diskutiert. Aussagen über die Produktivitätsentwicklung der Krankenhäuser sind wegen des grob lückenhaften statistischen Materials nur mit erheblichen Einschränkungen möglich. Es lassen sich nur einige Anhaltswerte und Schätzungen für das Arzt- und Pflegepersonal geben. Statistische Angaben zur Produktivitätsentwicklung existieren in der Bundesrepublik nur für die wenig aussagefähigen Maßstäbe „betreute Betten pro Beschäftigten" und „geleistete Pflegetage pro Beschäftigten".

Während im Jahre 1956 durch einen Krankenhausarzt im Durchschnitt aller Krankenhäuser 18,6[18]) planmäßige Betten versorgt wurden, sank diese Zahl bis 1969 auf 16,3 ab. Im gleichen Zeitraum verringerte sich die Zahl der von einer Pflegeperson betreuten Betten von 5,8 auf 4,2. Die gleiche Entwicklung zeigt sich bei den geleisteten Pflegetagen pro Beschäftigten. Für die Ärzte sanken die geleisteten Pflegetage pro Arzt von 6 143 im Jahre 1956 auf 6 051 im Jahre 1967. Für die Pflegeperson ergibt sich eine Verringerung der Pflegetage pro Pflegeperson von 1 924 im Jahre 1956 auf 1 361 im Jahre 1969[19]).

Der Grund für die Verringerung der Produktivität gemessen in „Betten pro Beschäftigten" und „Pflegetage pro Beschäftigten" ist darin zu sehen, daß der Personalbestand der Krankenhäuser im Vergleichszeitraum größere Steigerungsraten aufwies als die Bettenzahl und die Pflegetage. Aus dieser Entwicklung der Produktivität ist bereits unmittelbar abzulesen, daß die Personalkosten pro Pflegetag selbst bei konstanten Lohn- und Gehaltssätzen ansteigen mußten, da die Produktivität pro Arbeitskraft, bezogen auf die Pflegetage, gesunken ist. Anlaß zu diesen Produktivitätsverschlechterungen sind sinkende Arbeitszeiten pro Beschäftigten, eine qualitative Verbesserung der angebotenen Leistungen im Krankenhaus sowie eine sinkende Verweildauer der Patienten.

Wird die Produktivität nicht in Personen, sondern in Arbeitsstunden pro Pflegetag gemessen, ergibt sich hinsichtlich der Produktivitätsentwicklung ein etwas anderes Bild, da die Arbeitszeit im Vergleichszeitraum für das Pflegepersonal stark gesunken ist. Die notwendige Senkung der Arbeitszeit belief sich für das Pflegepersonal kommunaler Krankenhäuser auf ca. 16 Stunden pro Woche von 60 Stunden im Jahre 1956 auf 44 Stunden im Jahre 1969. Daraus resultiert die folgende Entwicklung der Pflegetage pro Arbeitsstunde, wenn die Arbeitszeit in kommunalen Krankenhäusern als repräsentativ für alle Krankenhäuser angesehen wird. 1956 wurden in 3 000 (50 x 60) Arbeitsstunden pro Jahr 1 924 Pflegetage geleistet, das entspricht 0,64 Pflegetagen pro Arbeitsstunde. Im Jahre 1969 mit ca. 1 361 Pflegetagen pro Pflegeperson und einer jährlichen Arbeitszeit von rd. 2 200 (44 x 50) Stunden sank die Arbeitsproduktivität in Pflegetagen pro Arbeitsstunde gemessen auf 0,62. Die Arbeitsproduktivität gemessen in Pflegetagen pro Arbeitsstunde ist damit gegenüber 1956 fast unverändert geblieben, d. h. durch die Stagnation der Produktivität ist keine Verringerung des Kostendrucks pro Pflegetag eingetreten, der auf steigende Lohn- und Gehaltssätze zurückgeht. Die unbefriedigende Entwicklung der Produktivität gemessen in „Pflegetagen pro Arbeitsstunde" läßt erkennen, daß die Leistungsproduktivität im Krankenhaus dringend verbesserungsbedürftig ist, um die Kostenerhöhungen, die durch steigende Lohn- und Gehaltssätze bedingt sind, zumindest zum

---

18) Die folgenden Zahlen sind der Zeitschrift: Wirtschaft und Statistik, Jg. 1967, S. 86 und Jg. 1970, S. 619 entnommen.

19) 220,5 Mill. Pflegetage bei 161 607 Pflegepersonen ohne Schüler.

Teil zu kompensieren. Geht die Erhöhung der Lohnkosten im Krankenhaus aufgrund steigender Lohnsätze, geringer Produktivitätsfortschritte und steigenden Personaleinsatzes in dem bisherigen Tempo weiter, so ist zu befürchten, daß die steigenden Ausgaben für Löhne und Gehälter zu Lasten des Investitionsbudgets gehen. Sinkende Investitionsbudgets verschlechtern jedoch die Chancen für Rationalisierungen.

Auf den Maßstab „behandelte Patienten pro Arbeitsstunde" bezogen sieht die Produktivitätsentwicklung etwas günstiger aus, da die Verweildauer für sämtliche Krankenhäuser von 1956 bis 1969 von 29,9 Tagen auf 25,3 Tage gesunken ist[20]. Die Zahl der betreuten Patienten pro Jahr und Pflegeperson belief sich im Jahre 1956 auf ca. 64[21]. Bis 1969 ist die Zahl der betreuten Patienten pro Pflegeperson auf ca. 54 abgesunken. Bei einer Verringerung der Arbeitszeit pro Pflegeperson im Jahr von ca. 3 000 auf 2 200 ergibt das pro 100 Arbeitsstunden 2,1 Patienten im Jahre 1956 gegenüber 2,5 Patienten 1969. Das entspricht einem Produktivitätsanstieg aufgrund einer sinkenden Verweildauer von rd. 20 %. Dieser Rationalisierungserfolg von 20 % hätte jedoch nicht ausgereicht, um die Personalkosten je behandelten Patienten bei konstanten Lohnsätzen auf dem Niveau von 1956 zu halten, da der Personalbestand pro Patient im gleichen Zeitraum, bedingt durch die Arbeitszeitverkürzungen und Qualitätsverbesserungen der Leistungen, knapp doppelt so stark angewachsen ist wie der Rationalisierungserfolg.

Trotz aller Einwände, die sich gegen die Genauigkeit der vorstehenden überschlägigen Produktivitätsberechnungen erheben lassen, ist folgendes festzustellen: Die Erhöhung der Personalkosten pro Pflegetag und pro Patient ist im Vergleichszeitraum 1956–1969 nicht allein auf erhöhte Lohn- und Gehaltssätze zurückzuführen. Die Entwicklung der Arbeitsproduktivität im Krankenhaus hat vielmehr noch zu einer weiteren Verstärkung des Kostendruckes beigetragen. Diese Verstärkung des Kostendruckes ist dabei insbesondere auf die Arbeitszeitverkürzung zurückzuführen. Da für die Zukunft mit weniger starken Arbeitszeitverkürzungen zu rechnen ist als in der Vergangenheit, dürfte der aus der Arbeitszeitverkürzung resultierende Mehrbedarf an Personal weniger stark ins Gewicht fallen als in der Vergangenheit. Geht diese Entwicklung mit einer weiter sinkenden Verweildauer einher, die zu einer Verringerung des Personalbedarfs pro Patient führt, so ist damit zu rechnen, daß die Verbesserung der Produktivität, gemessen in behandelten „Patienten pro Arbeitsstunde", zumindest zum Teil die Kostenerhöhungen pro Patient kompensiert, die auf die steigenden Lohn- und Gehaltssätze zurückgehen. Die Produktivitätsentwicklung, gemessen in „Pflegetagen pro Arbeitsstunde", wird jedoch kaum ausreichen, um die Personalkostenerhöhungen aufgrund der Lohn- und Gehaltssteigerungen zumindest zum Teil zu kompensieren. Es ist vielmehr auch in der Zukunft damit zu rechnen, daß pro Pflegetag sowohl von der Lohn- und Gehaltsentwicklung als auch von der Produktivitätsentwicklung eine Tendenz zu steigenden Personalkosten ausgeht.

---

20) Hierbei handelt es sich um die Verweildauer aller, nicht nur der Akutkrankenhäuser.

21) 1 924 Pflegetage dividiert durch eine Verweildauer von 29,9 Tagen.

Dieser doppelte Kostendruck im Bereich der Personalkosten verdeutlicht, daß den Maßnahmen zur Steigerung der Personalproduktivität eine große Bedeutung für die Kostenentwicklung zukommt. Die Möglichkeiten zur Produktivitätserhöhung sind allerdings, bedingt durch die Eigenart der Leistungserstellung der Krankenhäuser, sehr begrenzt; denn der geringe Anteil stoffumwandelnder und -umformender Sachleistungen bringt es mit sich, daß eine Rationalisierung durch Mechanisierung der Arbeitsvorgänge nur in sehr beschränktem Umfange möglich ist. Es bleibt damit im wesentlichen nur eine Verbesserung der Produktivität durch Verbesserung der Organisation der Arbeitsabläufe. Die Rationalisierungsmöglichkeiten sind zudem weitgehend auf den Verwaltungs-, Versorgungs- und Pflegebereich beschränkt, und sie lassen sich in der Regel nur zum Investitionszeitpunkt durchführen. Die engen Grenzen einer Rationalisierung der Arbeitsleistungen im Krankenhaus dürfen jedoch nicht entmutigen und zu der fatalistischen Haltung der Krankenhausführung verleiten, daß Rationalisierungsanstrengungen im Krankenhaus überhaupt nicht lohnen.

2. Möglichkeiten zur Steigerung der Arbeitsproduktivität im Krankenhaus

2.1 Rationalisierungsbereiche und die Grenzen für Aussagen über den Rationalisierungserfolg

Möglichkeiten zur Rationalisierung der Leistungserstellung im Krankenhaus bieten sich insbesondere für Arbeiten im Verwaltungs-, Versorgungs- und Pflegebereich. Der rein medizinische Bereich entzieht sich Rationalisierungsmaßnahmen, soweit es sich um die Behandlung der Patienten handelt. Eine Verringerung des Zeitbedarfs der Mediziner pro Patient läßt sich aber durch eine Senkung der Wartezeiten sowie der Zeiten für Verwaltungsarbeiten und Diagnose erzielen. Eine Senkung der Verwaltungszeiten (z. B. Schreiben von Krankengeschichten) und der Diagnosezeiten (Informationsbeschaffung und Verarbeitung) ließe sich z. B. durch verstärkten Einsatz der EDV im medizinischen Bereich erzielen. Der Stand der EDV-Technik würde es heute zumindest erlauben, ein medizinisches Informationssystem über die persönlichen Merkmale der Patienten, deren Krankheitssymptome und die Art der durchgeführten Behandlungen usw. anzulegen. Mit Hilfe dieser gespeicherten Informationen könnten die Krankengeschichten dann vom Computer geschrieben werden. Gleichzeitig würden derartige Informationssysteme die Diagnose erleichtern. U. U. läßt sich der Computer auch für einige Krankheitsbilder als Diagnosehilfe einsetzen, wie praktische Beispiele zeigen.

Im folgenden sollen die Ansatzpunkte für eine Rationalisierung der Arbeiten im Verwaltungs-, Versorgungs- und Pflegebereich im Vordergrund stehen. Dabei kommt es darauf an, die generellen Prinzipien aufzuzeigen, durch die eine Rationalisierung erreicht werden kann; gleichzeitig sollen die Anwendungsbereiche dieser Prinzipien aufgezeigt werden. Die Rationalisierungsmöglichkeiten werden an dieser Stelle nicht ins Detail gehend diskutiert. Das geschieht aus zwei Gründen:

(1) Zu einzelnen Rationalisierungsmöglichkeiten existiert eine sehr umfangreiche, detaillierte Literatur. Das gilt insbesondere für die Arbeiten im Versorgungsbe-

reich (Küche, Gebäude- und Wäschereinigung usw.). Auf eine Wiedergabe der Ergebnisse dieser Untersuchungen kann an dieser Stelle verzichtet werden.

(2) Eine Detaildiskussion von Rationalisierungsmaßnahmen sowie der zu erwartenden Rationalisierungserfolge setzt die Kenntnis von Leistungs- und Kostendaten voraus, um beispielsweise Aussagen über den Einfluß der Gebäudeform, der Anordnung der Arbeitsplätze innerhalb einer Station, der Organisation der Pflege usw. auf die Pflegezeiten pro Patient, den Personalbedarf, die Wartezeiten der Patienten sowie die Kostensituation machen zu können. Das derzeit in den Krankenhäusern verfügbare Datenmaterial ist qualitativ nicht geeignet, um als Eingabe für Optimierungsmodelle oder Simulationsmodelle zu dienen. Innerhalb der zur Abwicklung des Forschungsvorhabens verfügbaren Zeit war eine Neuorganisation der Datenerfassung nicht durchführbar. Aus diesem Grunde wurden z. B. begonnene Versuche abgebrochen, die eine Simulation des Verhaltens eines Versorgungs- und Pflegesystems in Abhängigkeit von Systemkonstellationen wie Gebäudeform, Personalbestand, Pflegeorganisation, Beschäftigungsgrad usw. zum Ziel hatten[22]. Das Fehlen geeigneter Daten zwingt daher dazu, sich auf eine Diskussion der Grundprinzipien und einiger Grundmodelle zur Rationalisierung zu beschränken.

2.2 Rationalisierungsprinzipien für den Verwaltungs-, Versorgungs- und Pflegebereich

Eine Erhöhung der Produktivität im Krankenhaus läßt sich durch Befolgung der nachstehenden vier Prinzipien erreichen:

(1) Straffung der Arbeitsabläufe mit dem Ziel einer Senkung unproduktiver Warte- und Wegezeiten des Bedienungspersonals

(2) Freisetzung von Arbeitskräften durch verstärkten Einsatz von Geräten und Maschinen (Faktorsubstitution)

(3) Verstärkung der Arbeitsteilung verbunden mit einer Abspaltung von Teilfunktionen aus der Krankenpflege und der Schaffung neuer spezialisierter Berufsbilder im Pflege- und Verwaltungsbereich (Konzentration gleichartiger Arbeitsvorgänge in speziellen Leistungsstellen)

(4) Abhebung der Leistungserstellung von der Leistungsverwertung durch Produktion auf Lager (Emanzipation)

Die generelle Bedeutung dieser vier Prinzipien und ihre Anwendungsmöglichkeiten im Krankenhaus soll im folgenden Abschnitt diskutiert werden.

2.2.1 Straffung der Arbeitsabläufe mit dem Ziel einer Verringerung unproduktiver Zeiten

Die Arbeitszeiten in den Bereichen Medizin, Pflege und Versorgung setzen sich generell aus drei Bestandteilen, den produktiven Bearbeitungszeiten sowie den unpro-

---

22) Aus dem gleichen Grunde wurden Simulationsversuche zur Planung des Behandlungsablaufs ambulant Kranker abgebrochen. Die Aufstellung der Modelle bereitete zwar keine Schwierigkeiten, die fehlenden Daten verhinderten jedoch die Ableitung praktisch verwertbarer Ergebnisse.

duktiven Warte- und Wegezeiten zusammen. Produktivitätsverbesserungen können somit über sinkende Bearbeitungszeiten – Arbeitsteilung, Faktorsubstitution –, aber auch über eine Verringerung der unproduktiven Zeiten angestrebt werden. Der Umfang der unproduktiven Zeiten hängt im wesentlichen von drei Faktoren, der Kapazitätsausstattung, der Arbeitsplatzgestaltung und der Arbeitsablaufplanung ab. Die Bedeutung dieser drei Faktoren für die unproduktiven Zeiten soll anhand von Beispielen aufgezeigt werden.

(1) *Kapazitätsausstattung*

Die Pflegeorganisation einer Station kann als spezieller Typ eines Wartesystems aufgefaßt werden, in dem die Pflegepersonen die Bedienungskanäle und die Patienten die Nachfrager nach Pflegeleistungen sind. Die Kapazität des Systems wird durch die Anzahl der Bedienungskanäle – Pflegepersonen – bestimmt. Durch die besondere Art der zu erbringenden Leistungen ist es schwierig, die Kapazität des Systems stets voll auf den Bedarf abzustimmen; es kommt vielmehr zwangsläufig zu Wartezeiten der Bedienungskanäle. Diese Wartezeiten sind dadurch bedingt, daß die Bedienungskanäle zwei Typen von Arbeiten mit stochastischen Merkmalen auszuführen haben:

(a) Arbeiten mit bekanntem Erwartungswert und bekannter Streuung der Ausführungszeiten, für die der Ausführungszeitpunkt geplant werden kann. Hierbei handelt es sich insbesondere um täglich wiederkehrende Arbeiten der Grundpflege. Zu planen sind die Ausführungszeitpunkte, weil die Ausführung der Arbeiten nicht unbedingt zu einem bestimmten Zeitpunkt erfolgen muß.

(b) Arbeiten mit bekanntem Erwartungswert und bekannter Streuung der Ausführungszeiten, deren Ausführungszeitpunkte wegen der hohen Dringlichkeit der Nachfrage nicht geplant werden können. Hierbei handelt es sich um Arbeiten, die kurzfristig nach dem Zeitpunkt des Auftretens des Bedarfs erledigt werden müssen. Diese Arbeiten sind durch zwei stochastische Merkmale gekennzeichnet. Sie sind stochastisch hinsichtlich der Ausführungszeiten und des Bedarfs- bzw. Ausführungszeitpunktes.

Insbesondere durch die Arbeiten unter (b) kann es zu einigen Zeitpunkten zu einer Ballung des Bedarfs in einem Pflegesystem kommen. Soll das Pflegesystem in der Lage sein, die Bedarfsspitzen ohne große Wartezeiten für die Patienten zu befriedigen, so setzt das eine große Kapazität voraus, was dann allerdings in Zeiten geringeren Bedarfs zu Unterbeschäftigung und langen Wartezeiten des Personals führt. Wird die Kapazität und damit die gesamte Wartezeit des Systems reduziert, hat das zwangsläufig eine Erhöhung der Wartezeiten der Patienten für die Ausführung des Pflegebedarfs zur Folge. Die erforderliche Personalausstattung und die Kapazität eines Pflegesystems hängt damit ausschlaggebend von der Wartezeit ab, die man den Patienten für die Ausführung des aufgetretenen Pflegebedarfs zumutet. Der genaue Zusammenhang zwischen Kapazität und Wartezeit des Systems einerseits und der Wartezeit der Patienten andererseits kann mit Hilfe einer Simulationsstudie für ein Pflegesystem analysiert werden.

7*

(2) *Arbeitsplatzgestaltung (räumliche Gestaltung des Arbeitsbereichs)*

Die Anordnung der Patientenräume sowie der Schwesternräume, der Stationsküche usw. innerhalb einer Station hat eine erhebliche Bedeutung für die Wegezeiten des Pflegepersonals. So läßt sich z. B. eindeutig messen, daß die in einer Einfluranlage zurückzulegenden Wegestrecken für ein gegebenes Leistungsvolumen länger als in einer Doppelflur- oder Rundanlage sind. Welche Rückwirkungen die Bauform auf die Wegestrecken hat und ob die Kürzung der Wegestrecken bei gleichem Servicegrad der Pflegestationen in eine Verringerung des Pflegepersonals umgesetzt werden kann, läßt sich ebenfalls in einer Simulationsstudie des Pflegedienstes analysieren.

(3) *Arbeitsablaufplanung*

Im Rahmen der Arbeitsablaufplanung geht es um die Festlegung der Reihenfolge, in der bestimmte Arbeitsgänge für Diagnose, Therapie, Pflege und Versorgung auzuführen sind. Dabei handelt es sich um zwei verschiedene, aber miteinander verbundene Reihenfolgeprobleme:

(a) Festlegung der Reihenfolge, in der bestimmte Arbeitsgänge an einem ambulant oder stationär zu behandelnden Patienten oder einem Bearbeitungsobjekt (z. B. Essen) durchgeführt werden sollen. Festzulegen ist dann z. B. die Reihenfolge der Stationen, die ein ambulant zu behandelnder Patient zu durchlaufen hat.

(b) Festlegung der Reihenfolge jener Arbeitsgänge, die eine Person an mehreren Patienten (Objekten) durchzuführen hat.

Verbunden sind diese beiden Reihenfolgeprobleme miteinander, da die gleichen Arbeitsgänge lediglich aus zwei verschiedenen Blickwinkeln, dem des einzelnen Patienten (Objektes) bzw. dem des Ausführenden betrachtet werden.

Von der Reihenfolge der auszuführenden Arbeitsgänge hängen einmal die Wartezeiten der Patienten zwischen den Bearbeitungsgängen ab, zum anderen wird dadurch die Stillstands-, Warte- oder Wegezeit der ausführenden Personen bestimmt. Die Planung des Arbeitsablaufes nimmt mithin auf die Stillstandszeiten der Ausführenden und über die Wartezeiten der Patienten u. U. auch auf die Durchlaufzeit (Verweildauer) der Patienten im Krankenhaussystem Einfluß.

Grundsätzlich besteht für die Lösung des Ablaufproblems ein Dilemma folgender Art: Wird die Reihenfolge der Bearbeitungsgänge mit dem Minimum der Wartezeiten der Patienten gewählt – Minimum der Verweildauer –, so ist in der Regel nicht die Reihenfolge der Arbeitsgänge mit dem Minimum an Stillstandszeiten für die ausführenden Personen erreicht[23]. Das heißt, bei einer Minimierung der Verweildauer wird sich ein höherer Personalbedarf bzw. ein größerer Anteil unproduktiver Zeiten bei den Ausführenden einstellen als bei einer Minimierung der Stillstandszeiten. Der Anteil unproduktiver Zeiten des Personals könnte mithin gesenkt bzw. die Personalproduktivität könnte erhöht werden, wenn an die Stelle der Minimierung

---

23) Zum Dilemma der Ablaufplanung vgl. Gutenberg, E., Grundlagen der Betriebswirtschaftslehre. Bd. 1 Die Produktion, 10. Aufl., Berlin, Göttingen, Heidelberg 1965. Kapitel: Die Planung des Produktionsprozesses, S. 197; Adam, D., Produktionsplanung bei Sortenfertigung. Ein Beitrag zur Theorie der Mehrproduktunternehmung, Wiesbaden 1969, S. 129 ff.; Adam, D., Produktionsdurchführungsplanung, in: Industriebetriebslehre in programmierter Form, hrsg. von H. Jacob, Bd. 2, Wiesbaden 1972, Frage 94.

der Verweildauer die Minimierung der Stillstandszeiten des Personals tritt. Die Folge einer dann u. U. wachsenden Verweildauer für stationär behandelte Patienten ist jedoch, daß jeder Patient die Bettenkapazität der Krankenhäuser stärker belastet, so daß für den gleichen Bedarf an Krankenhausleistungen eine größere Bettenkapazität vorzuhalten ist. Produktivitätssteigerungen des Personals und die Reduzierung der Bettenkapazität bzw. der beschäftigungsunabhängigen Kosten stehen damit zumindest in der langfristigen Betrachtung diametral entgegen. Das Dilemma besteht dann darin, die beiden gegensätzlichen Tendenzen im Hinblick auf die Zielsetzung des Krankenhauses – minimale Kosten pro Patient bei gegebener Leistungsqualität – zum Ausgleich zu bringen.

Die Theorie vermag heute keine Ansätze für eine optimale Lösung dieses Problems zu bieten. Praktische Lösungen mit einem befriedigenden Zielerreichungsgrad lassen sich jedoch durch Simulation der Arbeitsabläufe unter Anwendung von Prioritätsregeln für die Einordnung der Arbeitsoperationen in eine Reihenfolge gewinnen[24].

2.2.2 Faktorsubstitution

Eine Faktorsubstitution ist immer dann denkbar, wenn eine bestimmte Leistungsmenge mit unterschiedlichen Mengenverhältnissen der einzusetzenden Produktionsfaktoren erbracht werden kann. Für die Leistungserstellung im Krankenhaus wäre aus Kostengründen, aber auch aus Gründen des Personalbedarfs eine Substitution der menschlichen Arbeitskraft durch Geräte und Maschinen anzustreben. Die Grenzen der Faktorsubstitution sind, bedingt durch die Eigenheiten der Leistungserstellung im Krankenhaus mit einem geringen Anteil stoffbearbeitender und -umwandelnder Prozesse, sehr eng. Die Dominanz des Faktors Arbeit im Leistungsprozeß des Krankenhauses erlaubt eine Mechanisierung nur im Versorgungsbereich – Küche, Reinigung und Sterilisation – und mit Einschränkungen im Pflegebereich.

Im Versorgungsbereich sind die Möglichkeiten für eine Freisetzung von Arbeitskräften weitgehend mit den modernen Systemen der Essens-, Wäsche- und Geräteversorgung ausgeschöpft. Eine weitergehende Mechanisierung im Versorgungsbereich dürfte lediglich dann möglich sein, wenn durch Kooperation der Krankenhäuser eine Konzentration der Leistungsmengen der Versorgungsbereiche erzielt und damit die Voraussetzungen zum Einsatz größerer, leistungsfähigerer Apparaturen geschaffen werden.

Im Pflegebereich sind allerdings noch einige Möglichkeiten zur Senkung der Warte- und Wegezeiten, des Pflegepersonals ungenutzt. So dürfte beispielsweise der Einsatz von Wechselsprechanlagen zwischen den Kranken- und den Schwesternzimmern zu einer Senkung der Wegezeiten beitragen. Das gleiche gilt für Sprechanlagen oder Anlagen der Nachrichtenübermittlung zwischen den Stationen. Informationen werden heute innerhalb der Stationen sowie zwischen den Stationen oder den Labors noch vielfach über Boten ausgetauscht. Der Einsatz von Anlagen der Informationsübertragung ist allerdings nur dann sinnvoll, wenn die sinkenden Wegezeiten nicht zu

---

24) Vgl. Adam, D., Produktionsdurchführungsplanung, a.a.O., Fragen 150-161; Conway, R. W., Priority Dispatching and Work-In-Process Inventory in a Job Shop, in: „Journ. Ind. Eng.“ 16 (1965), S. 123-130; Conway, R. W., Maxwell, W. L., Miller, L. W., Theory of Scheduling, Reading, Mass., 1967.

einer Erhöhung der Wartezeiten führen, d. h., die Reduzierung der Wegezeiten muß so stark zu Buche schlagen, daß der Personalbedarf bei konstantem Leistungsumfang gesenkt werden kann. Kommt es lediglich zur Substitution von Wege- durch Wartezeiten, so führt der verstärkte Einsatz von Apparaturen zu keiner Produktivitätsverbesserung, sondern hat lediglich steigende Kosten zur Folge.

Ob es gelingt, durch bessere Systeme der Informationsübermittlung auf den Stationen den Personalbedarf zu verringern, hängt entscheidend von den Stationsgrößen ab. Bei kleinen Stationen mit einer Besetzung durch drei bis vier Pflegepersonen bieten sich wegen der Unteilbarkeit des Faktors Arbeit keine Möglichkeiten zur Senkung des Personalbedarfs, wenn über den verstärkten Einsatz von Apparaturen z. B. Wegezeiten eingespart werden, die der Arbeitszeit einer halben Arbeitskraft entsprechen. Wird die Pflege für zwei Stationen jedoch so organisiert, daß das Pflegepersonal gemeinsam für beide Stationen verantwortlich ist, läßt sich innerhalb der größeren Pflegeeinheit eine Arbeitskraft einsparen. Die Organisation der Pflege in den Stationen bzw. die Anzahl der von einer Pflegeeinheit betreuten Betten ist somit ausschlaggebend für die Rationalisierung der Pflege.

2.2.3 Arbeitsteilung und Konzentration gleichartiger Verrichtungen

Alle nicht medizinischen Arbeiten im Krankenhaus waren ursprünglich Arbeiten des Pflegebereichs, die von den Pflegekräften im wesentlichen ohne Arbeitsteilung ausgeführt wurden. Aus diesem Konglomerat undifferenzierter Pflegearbeiten wurden im Laufe der Zeit im Wege der Arbeitsteilung spezielle Aufgabenbereiche abgespalten, die durch speziell dafür eingestellte Arbeitskräfte für Verwaltungs- und Büroarbeiten oder besonders ausgebildete Schwestern (z. B. OP-Schwestern) ausgeführt werden. Insgesamt ist die Arbeitsteilung im Verwaltungs-, Versorgungs- und Pflegebereich heute jedoch noch nicht stark ausgebildet. Die im Vergleich zur Industrie geringe Arbeitsteilung im Krankenhaus hat zwei produktivitätshemmende Nachteile:

(1) Eine Arbeitskraft muß eine Vielzahl von Arbeitsverrichtungen ausführen. Die Arbeitszusammenfassung erlaubt es nicht, spezielle Fähigkeiten der Arbeitskräfte auszunutzen und zu schulen. Als Folge der geringen Spezialisierung wird ein vergleichsweise geringes Produktivitätsniveau erreicht.

(2) Arbeitszusammenfassung führt zu undifferenzierten, wenig attraktiven Berufsbildern, d. h., es entstehen Berufe, die meistens ohne eingehende Schulung oder Spezialkenntnisse ausgeübt werden können und die folglich in einer bildungsorientierten Gesellschaft geringe Anziehungskraft besitzen. Mit auf diese Situation geringer Arbeitsteilung und die daraus bedingten Implikationen dürfte die heutige Notsituation auf dem Sektor des Pflegepersonals zurückzuführen sein.

Das Prinzip der Einheit der Pflege, das bei der Organisation des Pflegebereichs in mehr oder weniger starker Ausprägung noch heute befolgt wird, weil von der Befolgung dieses Prinzips eine psychologische Unterstützung des Heilungsprozesses der Kranken erwartet wird, hat erhebliche Rückwirkungen auf die Arbeitsteiligkeit des Leistungsprozesses im Pflegebereich. Dieses Prinzip engt den organisatorischen Spielraum für die Pflege entscheidend ein.

In seiner schärfsten Ausprägung verlangt dieses Prinzip eine feste Zuordnung von Pflegepersonen und Patienten, wobei jede Pflegeperson alle Aufgaben der Grund- und Behandlungspflege für diese Patienten ausübt. Das Prinzip der Einheit der Pflege wird in dieser seiner strengsten Form heute kaum mehr angewandt. Etwas aufgeweicht ist das Prinzip bereits, wenn eine Gruppe von Pflegepersonen ohne Arbeitsteilung gemeinsam die auf einer Station anfallenden Pflegeaufgaben ausführt. Hier fehlt bereits eine feste Zuordnung der Pflegepersonen auf Patienten, d. h., jeder Patient wird von einer überschaubaren Gruppe von Personen gepflegt.

Das der Arbeitsteilung entgegenstehende Prinzip der Einheit der Pflege wird heute in speziellen Organisationsformen der Pflege mit einer Funktionsaufteilung der Pflegeaufgaben innerhalb einer Gruppe von Pflegepersonen noch weiter abgeschwächt. Die gesamte Pflegegruppe ist zwar nach wie vor für eine bestimmte Patientengruppe verantwortlich; jeder einzelne Patient wird jedoch funktionsbezogen von mehreren Pflegepersonen betreut. Die Vorteile einer Arbeitsteilung und Spezialisierung kommen in dieser Funktionspflege aber nicht voll zum Tragen, da die Funktionen der Pflege zwischen den Personen der Pflegegruppe meistens periodisch ausgetauscht werden. Die fehlende feste Zuordnung von Funktionen und Personen verhindert die Ausbildung und Ausnutzung spezieller Fähigkeiten. Mit aus diesem Grunde können gegenwärtig kaum Produktivitätsunterschiede zwischen der Gruppen- und der Funktionspflege festgestellt werden.

Es darf jedoch nicht übersehen werden, daß bei der Funktionspflege einer möglichen Beschleunigung der reinen Arbeitsvorgänge eine produktivitätsbeeinträchtigende Verlängerung der Wegezeiten entgegensteht. Bei einer Funktionspflege müssen die gesamten Wegezeiten des Pflegepersonals tendentiell ansteigen, da sich an jede an einem Patienten vorgenommene Pflegefunktion eine Wegezeit des Personals anschließt, während bei der Gruppenpflege mehrere Pflegefunktionen für einen Patienten unmittelbar ohne Wegezeiten aufeinander folgen können.

Selbst wenn sich die steigenden Wegezeiten nur unwesentlich auf die Produktivitätsentwicklung nachteilig bemerkbar machen, kann eine Arbeitsteilung im Pflegebereich niemals zu Produktivitätsfortschritten wie etwa in der Industrie führen, da eine Mechanisierung der auszuführenden Pflegefunktionen nicht möglich ist. Auf die Mechanisierung geht aber letztlich die produktivitätssteigernde Wirkung einer Arbeitsteilung in der Industrie zurück. Produktivitätsfortschritte durch verstärkte Arbeitsteilung sind im Pflegebereich damit nur über die Ausbildung und Ausnutzung spezieller Fähigkeiten der Pflegekräfte für die Ausführung überwiegend manueller Tätigkeiten denkbar.

Größere Produktivitätsfortschritte durch Arbeitsteilung sind nur möglich, wenn aus den Pflegeaufgaben der Stationen mechanisierbare Funktionen abgespalten werden, die in zentralen Leistungsstellen des Krankenhauses ausgeführt werden. Für die Abspaltung kommen insbesondere Versorgungsaufgaben (Essensversorgung, Sterilisation, Verwaltungsarbeiten) in Frage. Die Arbeitsteilung, verbunden mit einer Zentralisation dieser abgespaltenen Funktionen schafft die Voraussetzung zur Substitution von Arbeitskräften durch Maschinen. Ein verstärkter Maschineneinsatz im

Versorgungsbereich der Krankenhäuser führt über die Freisetzung von Personal dann zu einer steigenden Personalproduktivität. Die Abspaltung mechanisierbarer Teilfunktionen im Pflege- und Versorgungsbereich und der verstärkte Einsatz arbeitssparender Maschinen ist jedoch nur dann sinnvoll, wenn das Arbeitsvolumen der abgespaltenen Funktionen groß genug ist, um den Einsatz leistungsfähiger Apparaturen wirtschaftlich zu rechtfertigen. Das erforderliche Arbeitsvolumen kann häufig nur durch eine Kooperation mehrerer Krankenhäuser eines Versorgungsgebietes erreicht werden. Das gilt z. B. hinsichtlich der Verwaltungsarbeiten für den Einsatz der EDV. Auch für die Einrichtung rationeller Essenversorgungssysteme reichen die jeweiligen Betriebsgrößen häufig nicht aus. Insofern setzt eine Produktivitätsverbesserung durch Arbeitsteilung dann eine verstärkte Kooperation der Krankenhäuser voraus.

2.2.4 Abhebung der Leistungserstellung von der Leistungsverwertung durch Produktion auf Lager

Eine Emanzipation der Produktion vom Verbrauch der Leistungen ist im Krankenhaus nur im Versorgungsbereich und hier insbesondere bei der Speisenzubereitung und der zentralen Sterilisation möglich. Werden z. B. die Speisenherstellung und der Verbrauch synchronisiert, so hat das folgende produktivitätsbeeinträchtigende Nachteile:

(1) Die Betriebsmittelkapazität der Küche ist auf den Spitzenbedarf der Nachfrage abzustimmen, d. h., die Kapazitäten der Küche müssen ausreichen, um die täglich erforderlichen Essenportionen in zwei bis vier Stunden vorzubereiten und herzustellen.

(2) Die Auslegung der Kapazität auf die Spitzennachfrage hat eine Unterbeschäftigung der Kapazitäten in den Zeiten geringer oder fehlender Nachfrage zur Folge. Die Synchronisation von Produktion und Absatz führt folglich zu einem niedrigen durchschnittlichen Auslastungsgrad der Betriebsmittel.

(3) Als Folge der Synchronisation weist der Arbeitsbelastungsplan für die Arbeitskräfte der Küche starke zeitliche Schwankungen auf. In den Vormittags- und Mittagsstunden müssen viele Arbeitskräfte eingesetzt werden, die am Nachmittag ähnlich wie die Betriebsmittel der Küche keine Beschäftigung finden. Der Personalbedarf der Küche ist folglich bei Synchronisation genau wie die Kapazität der Betriebsmittel auf den Spitzenbedarf auszurichten.

Durch eine Emanzipation der Essenherstellung vom Verbrauch wird eine gleichmäßige Beschäftigung der Betriebsmittel und Arbeitskräfte erreicht. Auf die gleichmäßigere Auslastung der Produktionsfaktoren ist es letztlich zurückzuführen, daß bei emanzipierter Essenherstellung das gleiche Leistungsvolumen mit einer geringeren Kapazität zu erreichen ist. Die Emanzipation setzt jedoch eine Zwischenlagerung fertig vorbereiteter und gegarter Speisen z. B. in den Stationsküchen voraus. Diese Zwischenlagerung ist nur möglich, wenn für die Speisen eine schonende Konservierungsart gefunden wird. Praktisch durchsetzbar ist die Emanzipation der Essensversorgung daher nur, wenn eine Versorgung über Tiefkühlkost gewählt wird. Ein derartiges Essensversorgungssystem hat jedoch einige Vor- und Nachteile:

(1) Es muß eine Tiefkühlkette im Krankenhaus aufgebaut werden, d. h., es entsteht ein zusätzlicher Investitionsbedarf, der den Vorteilen einer geringeren Küchenkapazität gegenüberzustellen ist.

(2) Es müssen Essen-Zwischenläger mit zusätzlichem Kapitalbedarf und Kosten eingerichtet werden.

(3) Es werden Arbeiten wie Auftauen und Endgaren sowie u. U. Portionieren in die Stationsküchen verlagert, was zu einer Erhöhung des Arbeitskräftebedarfs in den Stationsküchen führen kann.

(4) Die Essensversorgung kann individuell auf die Wünsche der Patienten abgestimmt werden, da die Menüs wahlweise aus den vorgefertigten Bausteinen zusammengesetzt werden können.

(5) Durch die Emanzipation ist es möglich, die Arbeitsbedingungen in der zentralen Küche des Krankenhauses zu verbessern. Die Produktion des Essens kann z. B. auf fünf Tage der Woche beschränkt werden, ohne die Versorgung der Patienten an allen Wochentagen zu gefährden. Weiterhin werden durch die Gleichmäßigkeit der Arbeit in der zentralen Küche die Arbeitsbedingungen verbessert, und es werden dadurch die Voraussetzungen für eine industrielle Herstellung des Essens mit rationeller Gestaltung der Arbeitsabläufe geschaffen.

Eine industrielle Fertigung des Essens setzt jedoch ein großes Beschäftigungsvolumen der Zentralküche voraus, um leistungsfähige Anlagen einsetzen zu können. Das wirtschaftlich erforderliche Leistungsvolumen läßt sich häufig allerdings wiederum nur durch Kooperation mehrerer Krankenhäuser, also durch gemeinsamen Betrieb einer TKK-Küche erreichen. Hier erweist sich wiederum die Kooperation als Voraussetzung für eine Produktivitätssteigerung.

e) Der Einsatz der elektronischen Datenverarbeitung als Voraussetzung für tiefgreifende Rationalisierungserfolge im Krankenhaus

Grundlegende Rationalisierungserfolge lassen sich im Krankenhaus nur durch den Einsatz der elektronischen Datenverarbeitung und eine weitgehende Neuorganisation der Arbeitsabläufe im Krankenhaus erzielen. Auf dem Gebiet des EDV-Einsatzes in Krankenhäusern besteht in der Bundesrepublik derzeit noch ein erheblicher Nachholbedarf gegenüber dem Ausland. Zudem liegen zu wenige Informationen darüber vor, welche Aufgabenbereiche bereits in einzelnen Krankenhäusern durch den Einsatz der EDV rationalisiert wurden. Mit den Möglichkeiten des EDV-Einsatzes im Krankenhaus beschäftigt sich eine Denkschrift der Deutschen Forschungsgemeinschaft, die im April 1971 vorgelegt wurde[25]. Auf diese Denkschrift sowie eine Diskussion zum Einsatz der EDV im Krankenhaus, die in den Mitteilungen der DFG,

---

25) Überla, K., Elektronische Datenverarbeitung in der Medizin — Stand und Entwicklung, Denkschrift der Deutschen Forschungsgemeinschaft, April 1971.

Heft 2 und 3, 1971 geführt wurde[26]), sei an dieser Stelle ausdrücklich hingewiesen. Im Rahmen dieses Forschungsvorhabens ist eine detaillierte Analyse der Einsatzmöglichkeiten der EDV nicht möglich, da die Aufnahme des Istzustandes sowie die Entwicklung geeigneter Systemvorschläge nur mit einem Arbeitsaufwand von mehreren 100 Mannjahren möglich ist. Es soll daher an dieser Stelle nur abschließend auf die in dieser Studie zum Teil bereits skizzierten generellen Einsatzmöglichkeiten der EDV hingewiesen werden:

(1) Aufbau von Datenbanken für die Patienten im Krankenhaus, um den Informationsfluß innerhalb des Krankenhauses und zwischen dem Krankenhaus und den niedergelassenen Ärzten zu verbessern.

(2) Einsatz des Computers als Diagnosehilfe. Der generelle Einsatz eines Computers als Diagnosehilfe dürfte jedoch in absehbarer Zukunft noch nicht zu realisieren sein. Gegenwärtig kann es sich nur um Diagnosehilfen für einige spezielle Krankheitsbilder handeln.

(3) Lagerdispositionen und Einsatzplanung für Medikamente sowie andere Versorgungsgüter. Der Einsatz eines Computers kann einmal dazu beitragen, die Zahl der in einem Krankenhaus verwendeten Medikamente zu reduzieren, zum zweiten ist über den Einsatz des Computers eine bedarfs- und kostengerechte Disposition für die Lagerbestände an Medikamenten und sonstigen Versorgungsgütern möglich. Die Reduzierung der Zahl der Medikamente sowie eine optimale Lagerdisposition verringern einmal den Kapitalbedarf und wirken damit gleichzeitig kostensenkend.

(4) Menüoptimierung mit Hilfe des Computers. Durch den Einsatz von Optimierungsverfahren können aus bestimmten Menübestandteilen bedarfsgerechte, kostenoptimale Menüvorschläge entwickelt werden. Für die Menüoptimierung für Voll- und Diätkost ist bisher nur in den USA ein umfangreiches Programmsystem entwickelt worden.

(5) Verbesserung der Arbeitsabläufe für Pflege- und Versorgungssysteme mit einer Reduzierung der Warte- und Wegezeiten sind aufgrund der komplexen Zusammenhänge im Krankenhaus nur über Simulationsstudien möglich, die den Einsatz der EDV zur Voraussetzung haben.

(6) Abrechnungen von Leistungen und Kosten mit Hilfe des Computers, sowie das Schreiben der Krankengeschichten zur Rationalisierung der Verwaltungsarbeiten.

Dieser Katalog der Einsatzmöglichkeiten der EDV im Krankenhaus ist durchaus nicht vollständig. Er zeigt nur einige mögliche und erfolgversprechende Schwerpunkte des Einsatzes auf. Für jeden der genannten Bereiche müssen in der Zukunft dringend geeignete Systemvorschläge entwickelt werden, wenn im Krankenhaus durchgreifende Rationalisierungserfolge erzielt werden sollen.

---

26) Überla, K., Elektronische Datenverarbeitung in der Medizin — Stand und Entwicklung, Mitteilungen der Deutschen Forschungsgemeinschaft, Heft 2, 1971, S. 45 ff.; Ehlers, Th., Elektronische Datenverarbeitung in der Medizin — Routine oder wissenschaftliche Aufgabe?, Mitteilungen der Deutschen Forschungsgemeinschaft, Heft 3, 1971, S. 24 ff.

Verzeichnis der Symbole

a	=	variable Kosten pro Patient
A	=	fixe Kosten für die Bereitstellung und den Betrieb eines Bettes pro Kalenderzeitraum
$\bar{A}$	=	max. fixe Kosten für die Bereitstellung und den Betrieb eines Bettes pro Kalenderzeit bei einer Verweildauer von Null
b	=	variable Kosten pro Pflegetag und Patient
B	=	Bettenzahl
BN	=	Bettennutzungsgrad
c	=	Anstieg der beschäftigungsunabhängigen Kosten pro Bett bei einer Veränderung der Verweildauer von einem Tag
E	=	Pflegesatz pro Pflegetag und Patient
F	=	beschäftigungsunabhängige Kosten pro Kalenderzeitraum
K_P	=	durchschnittliche Kosten pro Patient
K_t	=	durchschnittliche Kosten pro Patient und Pflegetag
K_T	=	Kosten eines Krankenhauses pro Kalenderperiode
$\bar{K}_T$	=	Kosten aller Krankenhäuser eines Versorgungsgebietes pro Kalenderperiode
P	=	Anzahl der behandelten Patienten pro Periode
V	=	durchschnittliche Verweildauer eines Patienten
y	=	Defizit pro Pflegetag
z	=	Überschuß pro Pflegetag

Literaturverzeichnis

Adam, D., Produktionsdurchführungsplanung, in: Industriebetriebslehre in programmierter Form, hrsg. von H. Jacob, Wiesbaden 1972.

Adam, D., Produktionsplanung bei Sortenfertigung. Ein Beitrag zur Theorie der Mehrproduktunternehmung, Wiesbaden 1969.

Bischofberger, J., Ursachen von Kostenunterschieden in Krankenanstalten, ermittelt auf der Grundlage kostenanalytischer Untersuchungen am Beispiel der Kantonsspitäler St. Gallen und Winterthur, Diss., St. Gallen 1965.

Conway, R. W., Priority Dispatching and Work-in-Process, Inventory in a Job Shob, in: „Journ. Ind. Eng." 16 (1965), S. 123-130.

Conway, R. W., Maxwell, W. L., Miller, L. W., Theory of Scheduling, Reading, Mass. 1967.

Dembo, T., Der Ärger als dynamisches Problem, in: Psychologische Forschung, Bd. 15 (1971), S. 40 ff. und S. 51 ff.

Ehlers, Th., Elektronische Datenverarbeitung in der Medizin — Routine oder wissenschaftliche Anfrage?, in: Mitteilungen der Deutschen Forschungsgemeinschaft, 3 (1971), S. 24 ff.

Gutenberg, E., Grundlagen der Betriebswirtschaftslehre, Bd. 1: Die Produktion, 10. Aufl., Berlin, Göttingen, Heidelberg 1961.

Hoppe, F., Erfolg und Mißerfolg, in: Psychologische Forschung, 14 (1970), S. 1 ff.

Katona, G., Psychological Analysis of Economic Behaviour, New York, Toronto, London 1951.

Kirsch, W., Entscheidungsprozesse, Bd. 3: Entscheidungen in Organisationen, Wiesbaden 1971.

Kress, K. P., Die Leistungsfunktion des Krankenhauses in betriebswirtschaftlicher Sicht, Diss. München 1968.

Odiorne, G. S., Management by Objektives, München 1967.

Simon, H. H., Models of Men, New York 1957.

Überla, K., Elektronische Datenverarbeitung in der Medizin — Stand und Entwicklung, Denkschrift der Deutschen Forschungsgemeinschaft, April 1971.

Überla, K., Elektronische Datenverarbeitung in der Medizin — Stand und Entwicklung, Mitteilungen der Deutschen Forschungsgemeinschaft, 2 (1971), S. 45 ff.

O. V., Das amerikanische Krankenhaus, hrsg. v. RKW, Berlin 1965.

O. V., Gesundheitswesen, in: Wirtschaft und Statistik, 12 (1970), S. 618.

O. V., Kosten und Leistungsstruktur im allgemeinen Krankenhaus, Schriften des DKI, H. 9, Düsseldorf 1963.

O. V., Statistisches Jahrbuch für die Bundesrepublik Deutschland 1970.

O. V., Wirtschaft und Statistik, Jg. 1967.

O. V., Wirtschaft und Statistik, Jg. 1970.